ESV ERICH SCHMIDT VERLAG

Edition Governance

# Interne Revision für Aufsichtsräte

Grundlagen – Führungsaufgaben – Wirksamkeit

*von*
*Mathias Wendt*
*und*
*Hubertus Eichler*

ERICH SCHMIDT VERLAG

Bibliografische Information der Deutschen Nationalbibliothek
Die Deutsche Nationalbibliothek verzeichnet diese Publikation in der Deutschen
Nationalbibliografie; detaillierte bibliografische Daten sind im Internet über
http://dnb.d-nb.de abrufbar.

Weitere Informationen zu diesem Titel finden Sie im Internet unter
ESV.info/978 3 503 17670 0

Gedrucktes Werk: ISBN 978 3 503 17670 0
eBook: ISBN 978 3 503 17671 7
ISSN 2365-3825

Alle Rechte vorbehalten
© Erich Schmidt Verlag GmbH & Co. KG, Berlin 2018
www.ESV.info

Dieses Papier erfüllt die Frankfurter Forderungen
der Deutschen Nationalbibliothek und der Gesellschaft für das Buch
bezüglich der Alterungsbeständigkeit und entspricht sowohl den
strengen Bestimmungen der US Norm Ansi/Niso Z 39.48-1992
als auch der ISO Norm 9706.

Gesetzt aus Garamond, 10pt/12pt

Satz: tinahoffmann.eu, Berlin
Druck und Bindung: Hubert & Co., Göttingen

# VORWORT

> *„In the future it is not just that internal audit will eclipse external audit but that the internal/ external distinction, constructed on the basis of the monolithic ideal about independence, will become redundant. Internal auditors will play regulatory roles at the same time as internal control functions are contracted out to external agencies."*[1]

Die Interne Revision wird zunehmend ein relevantes Thema für den Aufsichtsrat.[2] Diese Entwicklung konnten die Verfasser in den letzten Jahren in ihrer Berufspraxis aus nächster Nähe miterleben. Im Rahmen von Beratungen und Prüfungen haben wir uns umfassend mit der Analyse und Weiterentwicklung der Internen Revision im Banken- sowie im Nichtbankensektor beschäftigt. In diesem Zusammenhang haben wir unter anderem auch eine Vielzahl von Gesprächen mit Aufsichtsräten geführt. Solchen Stakeholder-Befragungen kommt im Rahmen von Beratungsprojekten zur Weiterentwicklung der Internen Revision aber auch im Rahmen von Prüfungen Interner Revisionssysteme eine große Bedeutung zu. Auch die Revisionsleiter interessieren sich immer mehr dafür, wie

---

1 Vgl. Power, M: The Audit Society. Rituals of Verification, London 1997, S. 146.
2 Vgl. Schipporeit, E.: Anforderungen an die Qualität der Internen Revision aus Sicht des Prüfungsausschusses, in: Audit Committee Institut e. V. (Hrsg.): Audit Committee Quarterly. Qualität der Internen Revision, Berlin 2016, S. 4–6.

ihre Tätigkeit aus der Perspektive des Aufsichtsrats wahrgenommen und bewertet wird. Und die Aufsichtsräte selbst sind zunehmend daran interessiert zu erfahren, welchen (zusätzlichen) Nutzen die Interne Revision bei der Durchführung der ihnen obliegenden Aufgaben der Überwachung und Beratung des Leitungsorgans für sie stiften kann. Dieser Trend dürfte sich in den nächsten Jahren eher noch verstärken. Der Eindruck verfestigt sich, dass die Interne Revision auch in Deutschland aus ihrem Dornröschenschlaf erwacht ist.

Der dargestellte Befund ist das Ergebnis verschiedener Entwicklungen, die sich – auch wenn sie sich aus ganz unterschiedlichen Quellen speisen – zunehmend miteinander verbinden und in vielen Unternehmen bereits zu einer Neubewertung der Internen Revision durch den Aufsichtsrat geführt haben. Nach unserer Einschätzung sind es vor allem folgende Treiber, welche in ihrem Zusammenspiel die Neubewertung der Internen Revision durch den Aufsichtsrat ausgelöst haben:

(1) Zahlreiche internationale Unternehmensskandale haben dazu geführt, dass die Gesetzgeber und Regulierungsbehörden auf internationaler und europäischer Ebene aber auch in Deutschland zunehmend die Interne Revision als ein wichtiges Element der Corporate Governance entdeckt haben. In der Konsequenz wurde in Deutschland dem Aufsichtsrat im Rahmen von § 107 Abs. 3 S. 2 AktG sowie im Rahmen des Deutschen Corporate Governance Kodex die Aufgabe zur Überwachung der Wirksamkeit der Internen Revision explizit zugewiesen.

(2) Der Prozess der Globalisierung hat nicht nur die Marktdynamik, sondern auch die Komplexität der internen Geschäftsprozesse in den international tätigen Unternehmen massiv erhöht. Selbst in Familienunternehmen wird im Zuge der Internationalisierung zunehmend die traditionelle, vielfach noch vom Firmengründer geprägte und auf Vertrauen basierende Unternehmenskultur durch interne Kontrollen und Überwachungssysteme ergänzt. Bisherige unternehmenskulturelle

Selbstverständlichkeiten lösen sich zunehmend auf. Dadurch entsteht auf Seiten der Leitungsorgane ein wachsendes Bedürfnis nach „Assurance",[3] welches u. a. zu einer verstärkten Aufmerksamkeit der Leitungsorgane für die Interne Revision führt bzw. die Entscheidung befördert, eine solche Funktion im Unternehmen zu implementieren.

(3) Der Berufsstand der Internen Revision ist ausgehend vom weltweit als Standardsetzer akzeptierten US-amerikanischen Institute of Internal Auditors (IIA) bereits seit Jahrzehnten global aufgestellt. Der Berufsstand verfügt über international einheitliche Berufsstandards und Berufsexamen. Als eine Folge haben sich die Attraktivität einer Tätigkeit in der Internen Revision und das Selbstbewusstsein des gesamten Berufsstandes in den letzten Jahrzehnten signifikant erhöht.

(4) Aktueller Ausfluss dieses gewachsenen Selbstbewusstseins des Berufsstandes der Internen Revisoren in Deutschland ist die gemeinschaftlich vom Institut der Wirtschaftsprüfer (IDW) und vom Deutschen Institut für Interne Revision (DIIR) erfolgte Entwicklung des IDW Prüfungsstandards 983 bzw. Überarbeitung des DIIR Revisionsstandards Nr. 3. Diese im Jahre 2017 veröffentlichten, inhaltlich nahezu identischen Prüfungsstandards bilden die Grundlage für eine fachgerechte Prüfung der Wirksamkeit von Internen Revisionssystemen und können die Leitungs- und Überwachungsorgane bei der Sicherstellung der Wirksamkeit und der Förderung der Weiterentwicklung der Internen Revision in ihren Unternehmen unterstützen.

Es zeichnet sich somit ab, dass zumindest im Bereich der international tätigen Unternehmen die Bedeutung der Internen Revision perspektivisch weiter zunehmen wird und eine Tätigkeit in der

---

3 Vgl. Power, M: The Audit Society. Rituals of Verification, London 1997, S. 15–40.

Internen Revision viele interessante Karriereperspektiven für den Managementnachwuchs eröffnen dürfte.[4] Vor diesem Hintergrund verfolgen wir mit unserem Beitrag zur Edition Governance des Erich Schmidt Verlages primär drei miteinander verbundene Ziele:

(1) Durch eine kompakte Darstellung der wesentlichen Grundlagen der Internen Revision wollen wir insbesondere Aufsichtsräten, aber auch Vorständen, Geschäftsführern und sonstigen Stakeholdern der Internen Revision eine Möglichkeit eröffnen, sich in effektiver Weise über die für sie besonders relevanten Aspekte der Internen Revision nach aktuellem Stand zu informieren.

(2) Durch die Aufnahme von einigen bislang in der Fachdiskussion eher vernachlässigten, aber für die Praxis gleichwohl sehr relevanten Aspekten (wie z. B. Führungsaufgaben in der Internen Revision, Prüfungen der Internen Revision im Bereich der Organisations- bzw. Unternehmenskultur sowie relevante Fragetechniken) möchten wir Impulse zur Weiterentwicklung des Berufsstandes der Internen Revision geben und zugleich den Blick des Lesers auf Bereiche mit ggf. noch bestehendem Entwicklungspotenzial in „seiner" Internen Revision lenken.

(3) Schließlich wollen wir den Aufsichtsrat durch die systematische Ableitung von praxisgerechten Fragestellungen bei der Wahrnehmung seiner Beratungs- und Überwachungsfunktion im Hinblick auf die Interne Revision unterstützen.

Unser besonderer Dank gilt Frau Splittgerber, die als zuständige Verlagsleiterin dieses Projekt angeregt hat und uns bei der Umsetzung mit großem Engagement unterstützt hat.

Münster/München, im Oktober 2017  *Mathias Wendt*
  *Hubertus Eichler*

---

4 Vgl. hierzu bereits Gutenberg, E.: Der Diplom-Kaufmann als Revisor, in: ZIR 1/1966, S. 10–24.

# INHALTSVERZEICHNIS

Vorwort............................................. 5
Abkürzungsverzeichnis ........................... 13
Abbildungsverzeichnis............................ 15
Tabellenverzeichnis .............................. 16

1. **Grundlagen der Internen Revision** ............... 17
   1.1 Einführung in die Grundlagen der Internen Revision................................. 17
   1.2 Historische Entwicklung der Internen Revision   20
   1.3 Rechtsgrundlagen der Internen Revision ...... 24
   1.4 Haftungsrisiken und Sanktionen ............ 27

2. **Die Interne Revision im Rahmen der Corporate Governance** ..................... 31
   2.1 Das Three-Lines-of-Defense-Modell.......... 31
   2.2 Interne Revision und Internes Kontrollsystem .. 34
   2.3 Interne Revision und Risikomanagement...... 35
   2.4 Interne Revision und Compliance-Management  36

3. **Anforderungen an die Ausgestaltung und Funktionsweise der Internen Revision** ............ 37
   3.1 Internationale Grundlagen für die berufliche Praxis (IPPF) – Bedeutung für den Berufsstand und wesentliche Inhalte ................... 37

|   |     |                                                                                     |    |
|---|-----|-------------------------------------------------------------------------------------|----|
|   | 3.2 | Mindeststandards für eine angemessene und wirksame Interne Revision                 | 43 |
|   | 3.3 | Mindestanforderungen an die Interne Revision in Banken und sonstigen Finanzdienstleistungsunternehmen (MaRisk) | 50 |
| 4. | **Sourcing-Ansätze für die Interne Revision: Outsourcing, Co-Sourcing, Insourcing** | | 53 |
|   | 4.1 | Outsourcing                                                                         | 54 |
|   | 4.2 | Co-Sourcing                                                                         | 56 |
|   | 4.3 | Insourcing                                                                          | 57 |
|   | 4.4 | Kriterien für die konkrete Ausgestaltung des Sourcing-Ansatzes                      | 57 |
| 5. | **Exkurs: Das Dilemma der Unternehmensüberwachung und die Kunst des „richtigen" Fragens** | | 61 |
|   | 5.1 | Informationsasymmetrien als grundlegendes Dilemma der Unternehmensüberwachung       | 61 |
|   | 5.2 | Kommunikation als zentraler Erfolgsfaktor der Unternehmensüberwachung               | 64 |
|   | 5.3 | Relevante Frageformen für Aufsichtsräte und Interne Revisoren                       | 65 |
| 6. | **Führungsaufgaben in der Internen Revision – relevante Fragestellungen**           | | 71 |
|   | 6.1 | Grundlagen eines systemischen Führungsverständnisses                                | 73 |
|   | 6.2 | Führungsaufgaben in der Internen Revision aus einer systemischen Perspektive – 20 Fragen des Aufsichtsrats an den Revisionsleiter | 75 |
| 7. | **Leitung der Internen Revision – Qualifikation und Auswahl**                       | | 89 |

8. Prüfung der Angemessenheit und Wirksamkeit
   des Internen Revisionssystems .................. 95
   
   8.1 Grundlagen ............................. 95
   8.2 Beauftragung einer Wirksamkeitsprüfung –
       Möglichkeiten zur Einbindung des Aufsichtsrats  98
   8.3 Methodik einer Wirksamkeitsprüfung ........ 100
   8.4 Bewertung der Ergebnisse einer Wirksamkeits-
       prüfung ................................ 109

9. Aktuelle Handlungsfelder der Internen Revision .... 113
   
   9.1 Investigative Sonderuntersuchungen .......... 113
   9.2 Compliance Audits ....................... 116
   9.3 Culture Audits........................... 121
   9.4 IT-Sicherheits-Audits..................... 130
   9.5 Continuous Auditing..................... 132

10. Die Interne Revision als Themenfeld
    des Aufsichtsrats ............................ 133
    
    10.1 Grundlagen ........................... 133
    10.2 Ausgestaltung der Überwachungstätigkeit
         des Aufsichtsrats hinsichtlich
         der Internen Revision..................... 134
    10.3 Die Interne Revision als Aspekt im Rahmen
         der Effizienzprüfung des Aufsichtsrats ......... 138
    10.4 Generierung von Impulsen für die Weiter-
         entwicklung der Internen Revision –
         „Governance-Dialog".................... 141

11. Fazit: Aufsichtsrat und Interne Revision –
    zehn Thesen zur Entwicklung von Good Practices ... 145

Literaturverzeichnis .............................. 149

Stichwortverzeichnis ............................. 157

Die Autoren .................................. 161

# ABKÜRZUNGS-VERZEICHNIS

| | |
|---|---|
| Abs. | Absatz |
| AktG | Aktiengesetz |
| BaFin | Bundesanstalt für Finanzdienstleistungsaufsicht |
| BilMoG | Bilanzrechtsmodernisierungsgesetz |
| BSI | Bundesamt für Sicherheit in der Informationstechnik |
| BSIG | Gesetz zur Erhöhung der Sicherheit informationstechnischer Systeme |
| CIA | Certified Internal Auditor |
| CISA | Certified Information Systems Auditor |
| CMS | Compliance-Management-System |
| DB | Der Betrieb |
| DBW | Die Betriebswirtschaft |
| DCGK | Deutscher Corporate Governance Kodex |
| DIIR | Deutsches Institut für Interne Revision |
| DIN | Deutsches Institut für Normung |
| EU-VO | EU-Abschlussprüferverordnung |
| GmbHG | Gesetz über die Gesellschaften mit beschränkter Haftung |
| HGrG | Haushaltsgrundsätzegesetz |
| Hrsg. | Herausgeber |
| IDW | Institut der Wirtschaftsprüfer |
| IIA | The Institute of Internal Auditors |
| IKS | Internes Kontrollsystem |
| InvG | Investmentgesetz |

*Abkürzungsverzeichnis*

| | |
|---|---|
| IPPF | International Professional Practices Framework |
| IRS | Internes Revisionssystem |
| KonTraG | Gesetz zur Kontrolle und Transparenz im Unternehmensbereich |
| KWG | Kreditwesengesetz |
| MaIR | Mindestanforderungen an die Ausgestaltung der Internen Revision |
| MaRisk | Mindestanforderungen an das Risikomanagement |
| NJW | Neue Juristische Wochenschrift |
| OWiG | Ordnungswidrigkeitengesetz |
| PIE | Public Interest Entities |
| PS | Prüfungsstandard |
| QA | Quality Assessment |
| Rdnr. | Randnummer |
| Tz. | Textziffer |
| VAG | Gesetz über die Beaufsichtigung der Versicherungsunternehmen |
| ZCG | Zeitschrift für Corporate Governance |
| ZGR | Zeitschrift für Unternehmens- und Gesellschaftsrecht |
| ZIR | Zeitschrift Interne Revision |
| ZRFC | Zeitschrift Risk, Fraud & Compliance |

# ABBILDUNGSVERZEICHNIS

| | | |
|---|---|---|
| Abb. 1: | House of Corporate Governance............ | 18 |
| Abb. 2: | Zeitstrahl zur historischen Entwicklung der Internen Revision.................... | 20 |
| Abb. 3: | Three-Lines-of-Defense-Modell............. | 32 |
| Abb. 4: | Aufbau und Elemente der Internationalen Grundlagen für die berufliche Praxis der Internen Revision (IPPF)................. | 38 |
| Abb. 5: | Assurance Level von Angemessenheits- und Wirksamkeitsprüfung nach IDW Prüfungsstandard 983 bzw. DIIR Revisionsstandard Nr. 3... | 97 |
| Abb. 6: | Inhalte einer IRS-Beschreibung............ | 103 |
| Abb. 7: | Grundelemente eines Internen Revisionssystems gemäß IDW Prüfungsstandard 983.......... | 104 |
| Abb. 8: | Das Drei-Ebenen-Modell der Unternehmenskultur................................ | 124 |
| Abb. 9: | Governance-Dialog..................... | 144 |

# TABELLENVERZEICHNIS

| | | |
|---|---|---|
| Tabelle 1: | Vor- und Nachteile des Outsourcing von Revisionsleistungen ................. | 58 |
| Tabelle 2: | Vor- und Nachteile des Co-Sourcing von Revisionsleistungen ................. | 59 |
| Tabelle 3: | Vor- und Nachteile des Insourcing von Revisionsleistungen ................. | 59 |
| Tabelle 4: | Handlungsfelder, Aufgaben und Funktion von Führung......................... | 74 |
| Tabelle 5: | Betrachtungs- und Bewertungsfelder der IRS-Prüfung ...................... | 110 |

# 1. Grundlagen der Internen Revision

## 1.1 Einführung in die Grundlagen der Internen Revision

Unter Corporate Governance werden die Regeln der Unternehmensführung, d.h. der Leitung und Überwachung eines Unternehmens verstanden.[5]

Als Instrument der Unternehmensführung unterstützt die Interne Revision das Leitungsorgan bei der Überwachung der eingerichteten Geschäftsprozesse inklusive der implementierten Kontrollen. Die Interne Revision ist damit ein wesentliches Element der Corporate Governance (vgl. Abb. 1). Sie prüft und berät im Auftrag des Leitungsorgans auf sämtlichen Unternehmensebenen.

Die Einrichtung einer Internen Revision ermöglicht der Unternehmensführung, die aus ihrer Pflicht zur sorgfältigen Unternehmensleitung resultierende Überwachungsaufgabe auf eine prozessunabhängige Unternehmensfunktion zu delegieren, die hierfür auf-

---

5  Vgl. Regierungskommission Corporate Governance: Deutscher Corporate Governance Kodex in der Fassung vom 7. Februar 2017, S. 1, abrufbar unter. *http://www.dcgk.de//files/dcgk/usercontent/de/download/kodex/170424_Kodex.pdf* (zuletzt abgerufen am 28.07.2017).

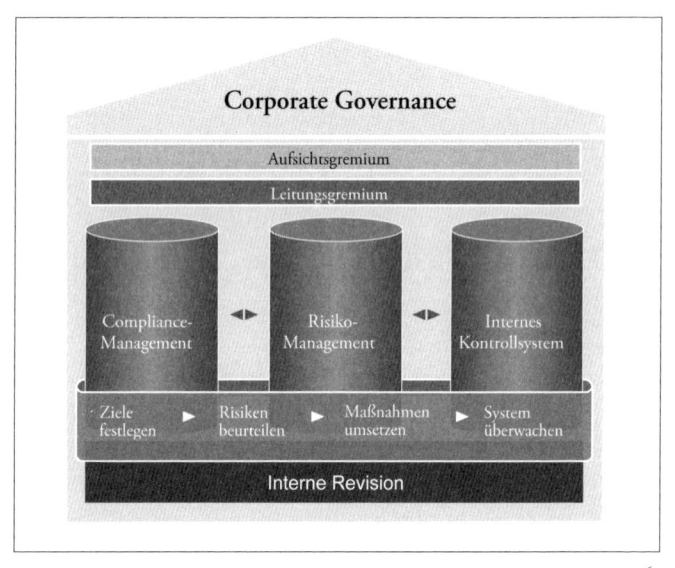

*Abb. 1: House of Corporate Governance, Darstellung angelehnt an KPMG*[6]

grund ihrer speziellen Ausrichtung und Fachkompetenz besonders geeignet ist.[7]

Insoweit die Überwachungsaufgabe nicht von spezialisierten Unternehmensfunktionen wie der Internen Revision übernommen wird, muss die Unternehmensleitung diese selbst ausüben.[8]

---

6 Vgl. KPMG AG: Public Corporate Governance und Compliance, Berlin 2013, S. 12.
7 Vgl. Freidank, C.-C.; Pasternack, N.-A.: Theoretische Fundierung der Internen Revision und ihre Integration in das System der Corporate Governance, in: Freidank, C.-C.; Peemöller, V. H. (Hrsg.): Kompendium der Internen Revision, Berlin 2011, S. 38.
8 Vgl. Amling, T.; Bantleon, U.: Interne Revision – Grundlagen, Normen und Tätigkeitsfelder, in: Amling, T.; Bantleon, U. (Hrsg.): Praxis der Internen Revision, Berlin 2012, S. 14.

Daraus leitet sich die Pflicht der Unternehmensleitung ab, eine eingerichtete Interne Revision hinsichtlich ihrer Arbeitsweise zu überwachen.

Eine Besonderheit der Internen Revision besteht darin, dass sie sich auf weltweit einheitliche Berufsgrundlagen stützen kann. Die Internationalen Grundlagen für die berufliche Praxis der Internen Revision (International Professional Practices Framework, IPPF)[9] werden vom Institute of Internal Auditors (IIA) mit Sitz in Florida/USA herausgegeben, welches sich als globale Vertretung des Berufsstandes der Internen Revision versteht. Ein zentrales Element des IPPF ist folgende, mittlerweile weltweit anerkannte Definition der Internen Revision: „Die Interne Revision erbringt unabhängige und objektive Prüfungs- und Beratungsdienstleistungen, welche darauf ausgerichtet sind, Mehrwerte zu schaffen und die Geschäftsprozesse zu verbessern. Sie unterstützt die Organisation bei der Erreichung ihrer Ziele, indem sie mit einem systematischen und zielgerichteten Ansatz die Effektivität des Risikomanagements, der Kontrollen und der Führungs- und Überwachungsprozesse bewertet und diese verbessern hilft."[10]

---

9 Vgl. IIA/DIIR: Internationale Standards für die berufliche Praxis der Internen Revision, Frankfurt a. M. 2017.
10 Vgl. IIA/DIIR: Internationale Standards für die berufliche Praxis der Internen Revision, Frankfurt a. M. 2017, S. 13.

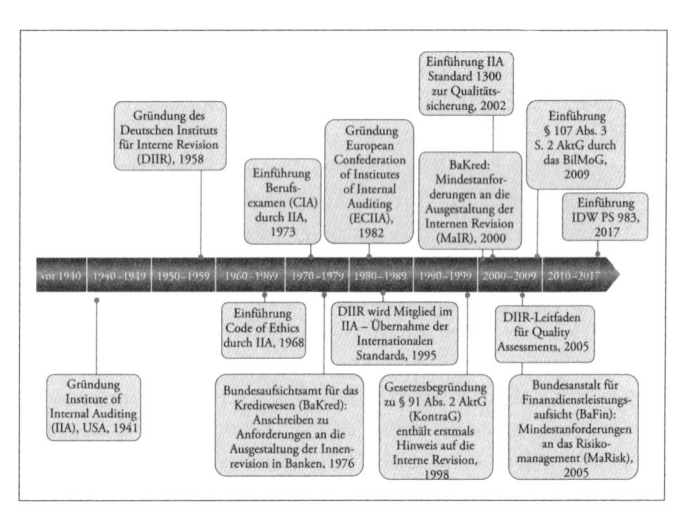

## 1.2 Historische Entwicklung der Internen Revision

*Abb. 2: Zeitstrahl zur historischen Entwicklung der Internen Revision*

Die Anfänge der Internen Revision werden häufig in den von Mitarbeitern der großen mittelalterlichen Handelshäuser der Fugger und Welser in den verschiedenen Niederlassungen dieser Handelshäuser durchgeführten Buchprüfungen gesehen.[11]

Von zentraler Bedeutung für den heutigen Entwicklungsstand des Berufsstandes der Internen Revisoren ist die im Jahr 1941 erfolgte Gründung des IIA (The Institute of Internal Auditors) in den USA. Das IIA hat inzwischen weltweit circa 185.000 Mitglieder.[12]

---

11 Vgl. Peemöller, V. H.: Entwicklungsformen und Entwicklungsschritte der Internen Revision, in: Freidank, C.-C.; Peemöller, V. H. (Hrsg.):, Kompendium der Internen Revision, Berlin 2011, S. 73.
12 Vgl. Institute of Internal Auditing, abrufbar unter https://na.theiia.org/about-us/Pages/About-The-Institute-of-Internal-Auditors.aspx (zuletzt abgerufen am 28.07.2017).

Als seine Mission hat sich das IIA der globalen Führung und Weiterentwicklung des Berufsstandes der Internen Revision verschrieben: „The mission of The Institute of Internal Auditors is to provide dynamic leadership for the global profession of internal auditing".[13]

Wichtige Schritte zur mittlerweile erreichten Professionalisierung des Berufsstandes waren die Veröffentlichung des „Code of Ethics" im Jahr 1968, die Einführung des Berufsexamens zum „Certified Internal Auditor" im Jahr 1973 sowie die Veröffentlichung der Berufsgrundlagen für Interne Revisoren. Die Berufsgrundlagen des IIA wurden immer wieder überarbeitet und schließlich zum „International Professional Practices Framework (IPPF)" erweitert. Zuletzt wurde das IPPF um eine Mission für den Berufsstand der Internen Revision sowie um zehn Grundprinzipien für die berufliche Praxis der Internen Revision ergänzt.[14]

In Deutschland hat sich der Berufsstand nach dem Zweiten Weltkrieg zunächst eher langsam entwickelt. Im Jahr 1958 wurde das Deutsche Institut für Interne Revision e.V. (DIIR) in Frankfurt a. M. gegründet. Es hat nach eigener Angabe inzwischen über 2000 Mitglieder.[15]

Im Jahr 1966 erschien die erste Ausgabe der vom DIIR herausgegebenen Zeitschrift Interne Revision (ZIR) mit einem grundlegenden Artikel von Erich Gutenberg, in dem er auf die Bedeutung und die spezifischen Potentiale der Internen Revision hinweist.[16] Die ZIR ist bis heute die führende Zeitschrift zum Themenfeld Interne Revision in Deutschland.

---

13 Vgl. Institute of Internal Auditing, abrufbar unter *https://na.theiia.org/about-us/Pages/About-The-Institute-of-Internal-Auditors.aspx* (zuletzt abgerufen am 28.07.2017).
14 Vgl. IIA/DIIR: Internationale Standards für die berufliche Praxis der Internen Revision, Frankfurt a. M. 2017, S. 11–12.
15 Vgl. Deutsches Institut für Interne Revision, abrufbar unter *http://www.diir.de/ueber-das-diir-mitgliedschaft/* (zuletzt abgerufen am 28.07.2017).
16 Vgl. Gutenberg, E.: Der Diplom-Kaufmann als Revisor, in: ZIR 1/1966, S. 10–24.

Mit Schreiben vom 28. Mai 1976 hat das Bundesaufsichtsamt für das Kreditwesen erstmals Grundsätze für die Ausgestaltung der Internen Revision für Kreditinstitute mit Sitz in Deutschland formuliert.[17] Die damit begründete Verpflichtung der Kreditinstitute zur Einführung einer funktionsfähigen Internen Revision hat mit dazu beigetragen, dass in Deutschland bis heute den Kreditinstituten eine Schrittmacherfunktion bei der fachlichen und methodischen Weiterentwicklung der Internen Revision zukommt.

Im Jahre 1995 wurde das DIIR Mitglied im IIA und übernahm damit für seine Mitglieder die Verpflichtung auf die internationalen Berufsstandards des IIA. Seit dem Jahr 1998 werden Prüfungen zum internationalen Berufsexamen für Interne Revisoren (CIA) sowie entsprechende Vorbereitungskurse auch in Deutschland angeboten.

Ebenfalls im Jahr 1998 erfolgte im Rahmen der Gesetzesbegründung des Gesetzes zur Kontrolle und Transparenz im Unternehmensbereich (KonTraG) im Zusammenhang mit der Einführung der Pflicht zur Einrichtung eines Überwachungssystems zur Früherkennung von den Fortbestand eines Unternehmens gefährdenden Entwicklungen in § 91 Abs. 2 AktG erstmals in Deutschland eine Anerkennung der Internen Revision durch den Gesetzgeber.[18]

Eine erste gesetzliche Vorgabe zur Einrichtung einer Internen Revision erfolgte für Kreditinstitute im Rahmen des Kreditwesengesetzes (KWG) durch den im Jahr 1998 eingeführten § 25 a KWG. Zur Konkretisierung des § 25 a KWG wurden im Jahr 2000 die Mindestanforderungen an die Ausgestaltung der Internen Revision (MaIR) veröffentlicht. Diese wurden im Jahr 2005 nahezu unverändert in die Mindestanforderungen an das Risikomanagement (MaRisk) übernommen.

---

17 Vgl. Bundesaufsichtsamt für das Kreditwesen: Schreiben vom 28. Mai 1976.
18 Vgl. Berwanger, J.; Kullmann, S.: Interne Revision, 2. Aufl., Wiesbaden 2012, S. 112.

Im Jahr 2005 wurde vom DIIR auf der Grundlage des DIIR Revisionsstandards Nr. 3 der „Leitfaden zur Durchführung eines Quality Assessment (QA)" veröffentlicht. Dieser ermöglichte zertifizierten Quality Assessoren die Durchführung eines externen Quality Assessments der Internen Revision. Auf diese Weise hat das DIIR die Grundlage dafür geschaffen, dass Interne Revisionen in Deutschland der aus den internationalen Berufsgrundlagen (IIA-Standard 1312) abzuleitenden Verpflichtung, sich alle fünf Jahre einer externen Qualitätsüberprüfung zu unterziehen,[19] entsprechen können.

Im Jahr 2009 wurde § 107 Abs. 3 S. 2 AktG durch das Bilanzrechtsmodernisierungsgesetz (BilMoG) neu eingeführt und damit die Verpflichtung des Aufsichtsrats, im Rahmen seiner Überwachungstätigkeit die Wirksamkeit einer eingerichteten Internen Revision zu überprüfen, explizit festgeschrieben. Eine rechtliche Verpflichtung, eine Interne Revision einzurichten, lässt sich nach herrschender Meinung aus § 107 Abs. 3 S. 2 AktG nicht ableiten.[20] Allerdings obliegt dem Aufsichtsrat bzw. dem von ihm eingerichteten Prüfungsausschuss die Prüfung, ob der Verzicht zur Einrichtung einer Internen Revision mit den Organisations- und Sorgfaltspflichten des Vorstands nach § 93 Abs. 1 S. 1 AktG im Einklang steht.[21]

Als Grundlage für die Prüfung der Wirksamkeit der Internen Revision wurden im Jahr 2017 als Ergebnis einer intensiven Zusammenarbeit zwischen dem DIIR und dem Institut der Wirtschaftsprüfer (IDW) der überarbeitete DIIR Revisionsstandard Nr. 3[22] sowie der inhaltlich weitgehend identische IDW Prüfungs-

---

19 Vgl. IIA/DIIR: Internationale Standards für die berufliche Praxis der Internen Revision, Frankfurt a. M. 2017; S. 33.
20 Vgl. Hucke, A.; Münzenberg, T.: Recht der Revision, Berlin 2015, S. 17.
21 Vgl. IDW PS 983, Tz. A2; Hülsberg, F.; Knake, C.: Prüfung der Wirksamkeit der Internen Revision durch den Aufsichtsrat, in: Der Konzern Nr. 12/2015, S. 545.
22 Vgl. Deutsches Institut für Interne Revision: DIIR-Revisionsstandard Nr. 3. Prüfung von Internen Revisionssystemen (Quality Assessments), Frankfurt a. M. 2017.

standard 983 „Grundsätze ordnungsmäßiger Prüfung von Internen Revisionssystemen"[23] veröffentlicht.

Auf der europäischen Ebene wurde im Jahr 1982 die European Confederation of Institutes of Internal Auditing (ECIIA) gegründet. Die ECIIA mit Sitz in Brüssel hat es sich zur Aufgabe gemacht, die nationalen europäischen Institute für Interne Revision bei der Entwicklung von Good Practices zu unterstützen und zentraler Ansprechpartner für die europäischen Institutionen zum Thema Interne Revision zu sein. Mitglieder sind die nationalen Institute für Interne Revision der europäischen Länder. Bei der ECIIA handelt es sich nicht um eine europäische Konkurrenzveranstaltung zum IIA. Vielmehr geht es der ECIIA ausdrücklich darum, die Akzeptanz und Verbreitung der vom IIA entwickelten internationalen Berufsstandards der Internen Revision in Europa zu fördern.

## 1.3 Rechtsgrundlagen der Internen Revision

Nach allgemeinem Gesellschaftsrecht besteht in Deutschland keine kodifizierte rechtliche Verpflichtung zur Einrichtung einer Internen Revision. Allerdings verlangt § 91 Abs. 2 AktG die Einrichtung eines Überwachungssystems, damit den Fortbestand der Gesellschaft gefährdende Entwicklungen früh erkannt werden. Die konkrete Ausgestaltung des Überwachungssystems stellt der Gesetzgeber in das pflichtgemäß auszuübende Ermessen des Leitungsorgans bei der Konkretisierung des vorgegebenen Sorgfaltsmaßstabes eines ordentlichen und gewissenhaften Geschäftsleiters (§§ 76 Abs. 1 AktG, § 93 Abs. 1 AktG, § 43 Abs. 1 GmbHG). Hierbei ist nach herrschender Meinung davon auszugehen, dass ein pflichtgemäß eingerichtetes Überwachungssystem aufgrund betriebswirtschaft-

---

23 Vgl. Institut der Wirtschaftsprüfer: Prüfungsstandard 983. Grundsätze ordnungsmäßiger Prüfung von Internen Revisionssystemen, Düsseldorf 2017.

*Rechtsgrundlagen der Internen Revision*

licher Standards zumindest ab einer gewissen Größenordnung und Komplexität eines Unternehmens die Einrichtung einer Internen Revision erfordert.[24]

Gesetzliche Vorgaben für die Einrichtung einer Internen Revision bestehen in Deutschland für Kreditinstitute (§ 25 a KWG), für Versicherungsunternehmen (§ 64a VAG) und für Kapitalanlagegesellschaften (§ 9a InvG).

Auf der Ebene unterhalb des Gesetzes ergeben sich Vorgaben für die Einrichtung einer Internen Revision für öffentliche Unternehmen teilweise aus den von Bundesländern und Kommunen veröffentlichten Public Corporate Governance Kodizes. So enthält beispielsweise der Leipziger Corporate Governance Kodex unter Ziffer 8.1.8 folgende Formulierung: „Die Geschäftsführung hat für den Aufbau und die Einhaltung eines angemessenen Risikomanagementsystems einschließlich eines wirksamen internen Revisionssystems im Unternehmen zu sorgen."[25]

Des Weiteren entsteht in der Praxis de facto eine „Verpflichtung" zur Einrichtung einer Internen Revision für jene (öffentlichen) Unternehmen, die einer (gesetzlichen) Verpflichtung zur Durchführung einer Prüfung der Ordnungsmäßigkeit der Geschäftsführung nach § 53 HGrG unterliegen. Die Prüfung der Ordnungsmäßigkeit der Geschäftsführung nach § 53 HGrG wird vom beauftragten Wirtschaftsprüfer nach dem IDW Prüfungsstandard 720 durchgeführt. Der hierzu veröffentlichte Fragenkatalog

---

24 Vgl. Münzenberg, T.: 11 Thesen zur zivil- und strafrechtlichen Haftung von Organen und Arbeitnehmern wegen fehlerbehafteter Aufgabenerledigung im Bereich der Internen Revision, in: ZIR Nr. 6/2008, S. 266.
25 Vgl. Stadt Leipzig: Leipziger Corporate Governance Kodex, Leipzig 2013, S. 22, abrufbar unter https://publicgovernance.de/docs/Leipziger_Corporate_Governance_Kodex.pdf (zuletzt abgerufen am 28.07.2017).

enthält zum Thema Interne Revision folgende Fragestellungen (vgl. „Fragenkreis 6: Interne Revision"):[26]
(a) Gibt es eine den Bedürfnissen des Unternehmens/Konzerns entsprechende interne Revision/Konzernrevision? Besteht diese als eigenständige Stelle oder wird diese Funktion durch eine andere Stelle (ggf. welche) wahrgenommen?
(b) Wie ist die Anbindung der internen Revision/Konzernrevision im Unternehmen/Konzern? Besteht bei ihrer Tätigkeit die Gefahr von Interessenkonflikten?
(c) Welches waren die wesentlichen Tätigkeitsschwerpunkte der internen Revision/Konzernrevision im Geschäftsjahr? Wurde auch geprüft, ob wesentliche miteinander unvereinbare Funktionen (z. B. Trennung von Anweisung und Vollzug) organisatorisch getrennt sind? Wann hat die interne Revision/Konzernrevision das letzte Mal über Korruptionsprävention berichtet? Liegen hierüber schriftliche Revisionsberichte vor?
(d) Hat die interne Revision/Konzernrevision ihre Prüfungsschwerpunkte mit dem Abschlussprüfer abgestimmt?
(e) Hat die interne Revision/Konzernrevision bemerkenswerte Mängel aufgedeckt und um welche handelt es sich?
(f) Welche Konsequenzen werden aus den Feststellungen und Empfehlungen der internen Revision/Konzernrevision gezogen und wie kontrolliert die interne Revision/Konzernrevision die Umsetzung ihrer Empfehlungen?[27]

Für Bundes- und Landesverwaltungen in Deutschland besteht generell keine rechtliche Verpflichtung zur Einrichtung einer Internen

---

26 Vgl. Institut der Wirtschaftsprüfer: Prüfungsstandard 720. Berichterstattung über die Erweiterung der Prüfung nach § 53 HGrG, Fragenkatalog, Düsseldorf 2010 (Stand: 09.09.2010).
27 Vgl. Kaufmann, M.; Tebben, T.: Die Prüfung kommunaler Unternehmen gemäß § 53 Abs. 1 HGrG, 2. Aufl., Düsseldorf 2012, S. 132–135.

Revision.[28] Allerdings hat das Bundesministerium des Inneren im Jahr 2008 Empfehlungen für Interne Revisionen in der Bundesverwaltung veröffentlicht.[29] Auf der kommunalen Ebene bestehen örtliche und überörtliche Prüfungsinstanzen, die sich ausgehend von ihrer primären und traditionellen Aufgabe der Rechnungsprüfung teilweise in Richtung einer professionellen Internen Revision entwickeln.[30]

## 1.4 Haftungsrisiken und Sanktionen

Zum Thema Haftungsrisiken in Verbindung mit der Internen Revision liegen bislang für Deutschland nur wenige aussagekräftige Entscheidungen seitens der zuständigen Gerichte vor. In der entsprechenden Fachliteratur werden daher vor allem allgemeine rechtliche Grundsätze auf die Besonderheiten der Internen Revision übertragen.[31]

Danach werden Haftungsrisiken für das Leitungsorgan insbesondere im Zusammenhang mit einer zivilrechtlichen Organisationspflichtverletzung (Organisationsverschulden) diskutiert. Risiken können sich hier insbesondere dann ergeben, wenn eine eingerichtete Interne Revision nicht entsprechend der weltweit anerkannten „Internationalen Grundlagen für die berufliche Praxis

---

28 Vgl. hierzu und zum Sonderfall der Bundesagentur für Arbeit Dieterle, O.: Grundlagen der Internen Revision in der öffentlichen Verwaltung, in: Amling, T.; Bantleon, U. (Hrsg.): Praxis der Internen Revision, Berlin 2012, S. 130–132.
29 Vgl. Bundesministerium des Inneren: Empfehlungen für Interne Revisionen in der Bundesverwaltung, Berlin 2008.
30 Vgl. Rieckmann, P.; Hornung, H.: Interne Revision öffentlicher Institutionen, in: Freidank, C.-C.; Peemöller, V. H. (Hrsg.): Kompendium der Internen Revision. Internal Auditing in Wissenschaft und Praxis, Berlin 2011, S. 779–786.
31 Vgl. Münzenberg, T.: 11 Thesen zur zivil- und strafrechtlichen Haftung von Organen und Arbeitnehmern wegen fehlerbehafteter Aufgabenerledigung im Bereich der Internen Revision, in: ZIR Nr. 6/2008, S. 266.

der Internen Revision (IPPF)", die damit auch als anerkannte betriebswirtschaftliche Standards angesehen werden können, arbeitet und sich daraus ein kausal zurechenbarer Schaden für das Unternehmen ergibt.[32]

Für den Revisionsleiter können sich zivilrechtliche Haftungsrisiken nach den Grundsätzen der Arbeitnehmerhaftung insbesondere dann ergeben, wenn er ihn betreffende Pflichten (aus seinem Anstellungsvertrag bzw. aus der Geschäftsordnung der Internen Revision) fahrlässig oder vorsätzlich verletzt und daraus ein kausal zurechenbarer Schaden für das Unternehmen entsteht. Denkbar erscheint insbesondere, dass der Revisionsleiter entgegen der Verpflichtung in der Geschäftsordnung der Internen Revision die Tätigkeit der Internen Revision nicht entsprechend den weltweit anerkannten „Internationalen Grundlagen für die berufliche Praxis der Internen Revision (IPPF)" durchgeführt und beispielsweise kein wirksames Follow-Up für die Umsetzung von im Rahmen von Revisionsprüfungen festgelegten Maßnahmen implementiert hat.[33]

Über die zivilrechtliche Arbeitnehmerhaftung hinausgehend werden zudem für den Revisionsleiter eines öffentlichen Unternehmens im Anschluss an das BGH-Urteil vom 17. Juli 2009[34] strafrechtliche Risiken im Bereich der Untreue (§ 266 StGB) im Zusammenhang mit einer Pflichtverletzung aufgrund einer unterlassenen Weitergabe ihm aufgrund der Revisionstätigkeit bekannt gewordener Informationen zu Rechtsverstößen durch das Unternehmen an das Leitungsorgan diskutiert. Die hierfür erforderliche Garantenstellung wird aus den spezifischen Pflichten eines Revisionsleiters im hoheitlichen Bereich eines öffentlichen Unter-

---

32 Vgl. Hucke, A.; Münzenberg, T.: Recht der Revision, Berlin 2015, S. 9.
33 Vgl. Hucke, A.; Münzenberg, T.: Recht der Revision, Berlin 2015, S. 106–108.
34 Vgl. BGH NJW 2009, S. 3173.

nehmens (im vorliegenden Fall einer Anstalt öffentlichen Rechts) abgeleitet.[35]

Im Zusammenhang mit der zumindest fahrlässigen Verletzung betrieblicher Aufsichtspflichten nach § 130 OWiG ergeben sich teilweise erhebliche Bußgeldrisiken für das Unternehmen (§ 30 OWiG), das Leitungsorgan (§ 9 Abs. 1 OWiG) und den Revisionsleiter als sonstigen Beauftragten (§ 9 Abs. 2 OWiG). In der Fachliteratur wird in diesem Zusammenhang vor allem das Unterschreiten der aus anerkannten Standards wie dem IPPF abzuleitenden Vorgaben für die Organisation der Internen Revision diskutiert.[36]

Im Bereich der Banken und sonstigen Finanzdienstleistungsunternehmen kann die Feststellung einer nicht anforderungsgerechten Internen Revision – z. B. im Rahmen von durch die BaFin angeordneten Sonderprüfungen nach § 44 KWG – gemäß § 36 Abs. 2 KWG zu einer Abmahnung oder sogar zu einer Abberufung der Geschäftsleiter durch die BaFin führen.

Interne Revisoren, die persönliche Mitglieder im Deutschen Institut für Interne Revision werden, verpflichten sich gemäß § 3 Nr. 3 Buchstabe b der Satzung des DIIR, im Rahmen ihrer beruflichen Verantwortung die „Grundsätze für die berufliche Praxis der Internen Revision" sowie die „Instituts-Verlautbarungen" zu beachten. Im Falle von nachgewiesenen Verstößen droht ihnen zumindest theoretisch gemäß § 3 Nr. 6 Buchstabe c der Satzung der Ausschluss als Folge eines entsprechenden Beschlusses des Vorstandes des DIIR.

---

35 Vgl. Hucke, A.; Münzenberg, T.: Recht der Revision, Berlin 2015, S. 112–116.
36 Vgl. Hucke, A.; Münzenberg, T.: Recht der Revision, Berlin 2015, S. 119.

## 2. Die Interne Revision im Rahmen der Corporate Governance

### 2.1 Das Three-Lines-of-Defense-Modell

Um die Interne Revision in ihrer Eigenschaft als unabhängige und objektive Überwachungsfunktion von den anderen Teilbereichen der Unternehmensleitung und -überwachung (Corporate Governance) abzugrenzen, wurde vom Dachverband der europäischen Revisionsinstitute (ECIIA) im Jahr 2013 das sogenannte Three-Lines-of-Defense-Modell entwickelt.[37]

Das in Abb. 3 dargestellte Modell wählt das Bild der drei Verteidigungslinien, um auf die Systematik der verschiedenen Instrumente und Mechanismen zum Schutz eines Unternehmens hinzuweisen. Die erste Verteidigungslinie umfasst die operativen Kontrollaktivitäten sämtlicher Unternehmensprozesse. Auf der zweiten Verteidigungslinie werden übergeordnete Vorgaben für alle Unternehmensprozesse erarbeitet und umgesetzt sowie die Kontrollaktivitäten der ersten Verteidigungslinie überwacht. Dort werden auch wesentliche Bestandteile des Compliance-Managements und des Risikomanagements eines Unternehmens verortet. Auf der dritten Verteidigungslinie befindet sich die Interne Revision als eine unabhängige Instanz, die idealtypisch weder in die operativen Prozesse

---

37 Vgl. Eulerich, M.: Die regulatorischen Grundlagen des Three-Lines-of-Defense-Modells, in: ZIR Nr. 4/2012, S. 192–196.

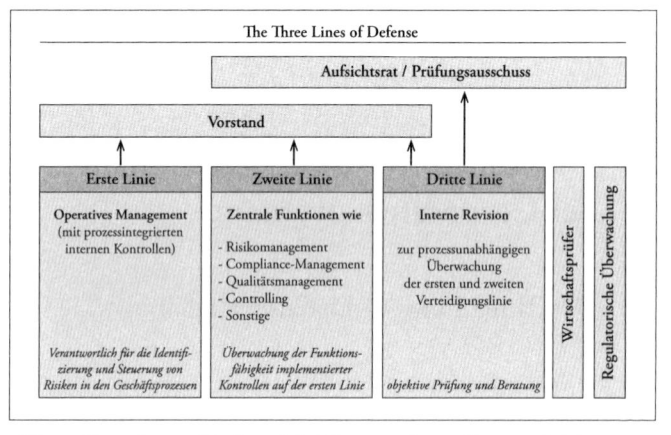

*Abb. 3: Three-Lines-of-Defense-Modell, eigene Darstellung in Anlehnung an IIA*[38]

des Unternehmens noch in die Steuerungs- und Kontrollaktivitäten der zweiten Verteidigungslinie eingebunden ist.[39]

Wenngleich der Anspruch besteht, die Interne Revision ausschließlich in der dritten Verteidigungslinie zu verankern,[40] ist die Abgrenzung zwischen den drei Verteidigungslinien in der Praxis häufig nicht überschneidungsfrei. Dies ist insbesondere bedingt durch das zunehmende Bedürfnis der Unternehmen, die verschiedenen

---

38 Das Three-Lines-of-Defense-Modell wurde mit Herausgabe eines umfangreichen Positionspapiers durch das Institute of Internal Auditors im Januar 2013 weltweit in seiner Bedeutung hervorgehoben – vgl. https://na.theiia.org/standards-guidance/Public%20 Documents/PP%20The%20Three%20Lines%20of%20Defense%20in%20Effective %20Risk%20Management%20and%20Control.pdf (Stand: 24.06.2016).
39 Vgl. Institut der Wirtschaftsprüfer: Prüfungsstandard 983. Grundsätze ordnungsmäßiger Prüfung von Internen Revisionssystemen, Düsseldorf 2017, Tz. 10.
40 Vgl. Institut der Wirtschaftsprüfer: Prüfungsstandard 983. Grundsätze ordnungsmäßiger Prüfung von Internen Revisionssystemen, Düsseldorf 2017, Kriterienkatalog in Anlage 1 zu IDW PS 983, wonach in Kriterium 10 gefordert wird, dass als zentrales Element einer guten Corporate Governance die Interne Revision als dritte Verteidigungslinie aufgestellt sein sollte.

Funktionen der Corporate Governance, soweit regulatorisch zulässig, funktionsübergreifend zu organisieren, um eine Bildung von „Silos" im Sinne nebeneinander existierender Funktionen zu vermeiden.

Moderne Softwarelösungen zur integrierten Abbildung der Corporate Governance Funktionen sind darüber hinaus zumeist so aufgebaut, dass die jeweiligen Teilmodule (IKS, Risikomanagement, Compliance-Management und Interne Revision) auf einer gemeinsamen Plattform aufsetzen, welche die jeweiligen Teilmodule mit relevanten Informationen versorgt. Diese Plattform bildet dann das sogenannte „Audit Universe bzw. Risk Universe" ab.

Die für das Unternehmen relevanten Risiken müssen in regelmäßigen Abständen erhoben und bewertet werden. Aus Effizienzgründen liegt es nahe, diese Risikoerhebung und -bewertung nicht durch die unterschiedlichen Verteidigungslinien separat voneinander und ggf. unabgestimmt vorzunehmen, sondern sich dahingehend zu koordinieren. Darüber hinaus muss sichergestellt sein, dass bei einer separat voneinander durchgeführten Risikoerhebung keine Informationsverluste eintreten und relevante Risiken ggf. nur auf dem Radarschirm einer einzigen Verteidigungslinie erscheinen. Der Umgang mit den gemeinschaftlich identifizierten Risiken sowie deren Überwachung muss sodann sinnvoll auf die jeweils verantwortliche Funktion allokiert werden.

Die Konzeption einer für eine Unternehmensgruppe optimalen Governance-Organisation hängt von diversen Faktoren ab, die zunächst strukturiert erhoben und dann im konkreten Lösungsansatz berücksichtigt werden sollten. So spielen beispielsweise die Arbeitsweise bereits vorhandener Strukturen, die Unternehmenskultur, IT-Lösungen und die Bereitschaft des Managements zur Investition in ein integriertes Governance-System eine wesentliche Rolle bei der Lösungsfindung. Dies kritisch zu hinterfragen ist eine der zentralen Aufgaben des Aufsichtsrats, um sich ein verlässliches Bild von der Angemessenheit und Wirksamkeit der implementierten Strukturen machen zu können.

## 2.2 Interne Revision und Internes Kontrollsystem

Das Interne Kontrollsystem umfasst die von den gesetzlichen Vertretern im Unternehmen eingeführten Regelungen, die auf die organisatorische und technische Umsetzung der Entscheidungen der gesetzlichen Vertreter zur ordnungsgemäßen Durchführung der Geschäftsprozesse gerichtet sind. Die Überwachung des Internen Kontrollsystems stellt eine der zentralen Aufgaben der Internen Revision dar. Die internen Kontrollen sind überwiegend in der ersten Verteidigungslinie (First-Line-of-Defense), d. h. in den operativen Geschäftsprozessen angesiedelt. Dort sind die jeweils prozess- oder kontrollverantwortlichen Personen aufgefordert, in ihren jeweiligen Zuständigkeitsbereichen dafür Sorge zu tragen, dass identifizierte und implementierte Kontrollen regelmäßig durchgeführt und auch dokumentiert werden. Eine nicht dokumentierte Kontrolle ist durch eine prozessunabhängige Person nicht nachvollziehbar und gilt somit im Rahmen der Unternehmensüberwachung als nicht existent.

Die Interne Revision überprüft standardmäßig die Schlüsselkontrollen in den zentralen und wesentlichen Geschäftsprozessen (wie z. B. in der Beschaffung, der Produktion, dem Vertrieb sowie den sonstigen Unterstützungsprozessen). Um diese Überprüfung objektiv und unabhängig durchführen zu können, darf sie grundsätzlich nicht in die Implementierung der Geschäftsprozesse und die Durchführung von Kontrollen involviert gewesen sein. Dem steht nicht entgegen, dass die Interne Revision als Folge ihrer Tätigkeit Empfehlungen zur Verbesserung der Geschäftsprozesse und der internen Kontrollen abgibt bzw. Maßnahmen zur Behebung wesentlicher Systemschwächen adressiert. Darüber hinaus ist vorstellbar, dass die Interne Revision in ihrer internen Beratungsfunktion dabei unterstützt, interne Kontrollen zu identifizieren und zu modellieren. Es muss dabei jedoch immer sichergestellt werden, dass die Interne Revision in der Folge im Hinblick auf den Prüfungsgegenstand objektiv und unabhängig bleibt.

Für die Prüfung des Internen Kontrollsystems im Sinne von § 107 Abs. 3 S. 2 AktG hat das Institut der Wirtschaftsprüfer den IDW Prüfungsstandard 982 veröffentlicht.[41] Es bietet sich für jede Interne Revision an, sich mit den Inhalten dieses Standards auseinanderzusetzen.

## 2.3 Interne Revision und Risikomanagement

Aus der Definition der Internen Revision geht hervor, dass sie unter anderem auch die Effektivität des Risikomanagements bewertet und diese verbessern hilft. Das Risikomanagement ist als steuernde und überwachende Funktion in der zweiten Verteidigungslinie angesiedelt. Auch die Wirksamkeit des Risikomanagementsystems sollte von einer unabhängigen und objektiven Instanz regelmäßig eingeschätzt und kritisch hinterfragt werden. Um Prüfungen des Risikomanagementsystems durchzuführen, kann sich die Interne Revision an hierfür verfügbaren Prüfungsstandards, wie z. B. dem DIIR Revisionsstandard Nr. 2[42] oder dem IDW Prüfungsstandard 981[43] orientieren.

In der Praxis ist gerade bei kleineren und mittleren Unternehmen zu beobachten, dass Teile des Risikomanagements oder sogar das gesamte Risikomanagement durch die Revisionsfunktion erbracht werden (z. B. die Risikoerhebung und die Risikobewertung etc.). Für diese Fälle ist zu beachten, dass die Interne Revision hin-

---

41 Vgl. Institut der Wirtschaftsprüfer: Prüfungsstandard 982. Grundsätze ordnungsmäßiger Prüfung des internen Kontrollsystems des internen und externen Berichtswesens, Düsseldorf 2017.
42 Vgl. Deutsches Institut für Interne Revision: DIIR Revisionsstandard Nr. 2. Prüfung des Risikomanagementsystems durch die Interne Revision (Stand: September 2015).
43 Vgl. Institut der Wirtschaftsprüfer: Prüfungsstandard 981. Grundsätze ordnungsmäßiger Prüfung von Risikomanagementsystemen, Düsseldorf 2017.

sichtlich des Risikomanagements nicht mehr unabhängig und objektiv ist und sich eine Prüfung durch die Interne Revision somit ausschließt. Es ist zu empfehlen, dass in solchen Fällen das Risikomanagementsystem durch eine unabhängige dritte Instanz (z. B. durch einen Wirtschaftsprüfer) geprüft wird.

## 2.4 Interne Revision und Compliance-Management

Das Three-Lines-of-Defense-Modell sieht vor, dass die Interne Revision auch das Compliance-Management-System der Organisation prüft und hierzu dem Vorstand sowie ggf. dem Aufsichtsrat Bericht erstattet. In der Praxis orientiert sich die Interne Revision zur Durchführung solcher Prüfungen meist am IDW Prüfungsstandard 980.[44]

Wie auch beim Risikomanagement wird in der Praxis vielfach die Leitung der Compliance-Funktion – soweit regulatorisch zulässig – in Personalunion durch den Leiter der Internen Revision übernommen. In diesen Fällen besteht ein Konflikt der Internen Revision hinsichtlich der unabhängigen und objektiven Prüfung der Compliance-Funktion. Auch in dieser Konstellation sollte demnach eine Prüfung des Compliance-Managements durch eine unabhängige dritte Instanz (z. B. durch den Jahresabschlussprüfer oder einen Wirtschaftsprüfer) erfolgen.

---

44 Vgl. Institut der Wirtschaftsprüfer: Prüfungsstandard 980. Grundsätze ordnungsmäßiger Prüfung von Compliance-Management-Systemen, Düsseldorf 2011.

# 3. Anforderungen an die Ausgestaltung und Funktionsweise der Internen Revision

## 3.1 Internationale Grundlagen für die berufliche Praxis (IPPF) – Bedeutung für den Berufsstand und wesentliche Inhalte

Konkrete Anforderungen an die Ausgestaltung der Internen Revision ergeben sich insbesondere aus den weltweit anerkannten, einheitlichen Berufsgrundlagen für die Interne Revision. Die vom IIA herausgegebenen **Internationalen Grundlagen für die berufliche Praxis der Internen Revision** (International Professional Practices Framework, IPPF) sind das konzeptionelle Rahmenwerk für die maßgeblichen Leitlinien für die berufliche Praxis der Internen Revision. In Abb. 4 werden der Aufbau und die einzelnen Elemente des IPPF dargestellt.

Die **Mission der Internen Revision** beschreibt den primären Zweck und das übergeordnete Ziel jeder Internen Revision: „Den Wert einer Organisation durch risikoorientierte und objektive Prüfung, Beratung und Einblicke zu erhöhen und zu schützen."[45]

---

45 Vgl. IIA/DIIR: Internationale Standards für die berufliche Praxis der Internen Revision, Frankfurt a. M. 2017, S. 11.

*Ausgestaltung und Funktionsweise der Internen Revision*

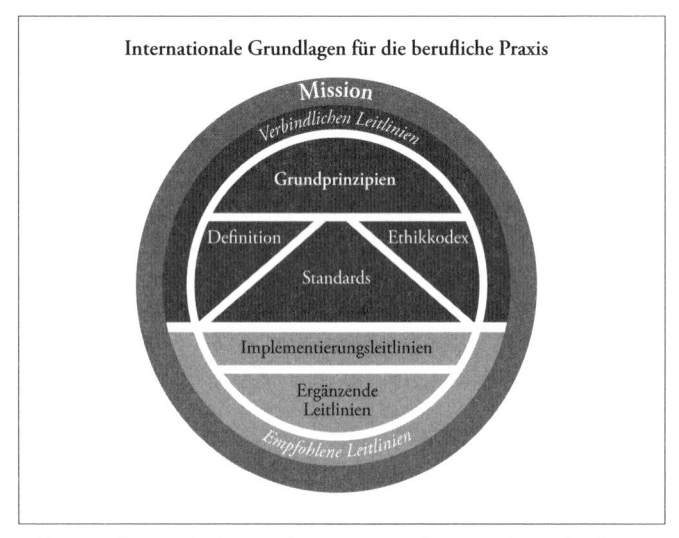

*Abb. 4: Aufbau und Elemente der Internationalen Grundlagen für die berufliche Praxis der Internen Revision (IPPF)*[46]

Sämtliche Elemente des IPPF unterstützen die Umsetzung dieser Mission. Zu unterscheiden sind dabei die verpflichtend umzusetzenden Elemente von den zur Umsetzung lediglich empfohlenen Elementen.

Folgende Elemente des IPPF sind von einer Internen Revision verpflichtend umzusetzen:
- Grundprinzipien für die berufliche Praxis der Internen Revision,
- Ethikkodex,
- Definition der Internen Revision,
- Internationale Standards für die berufliche Praxis der Internen Revision (IIA-Standards).

---

46 Abbildung entnommen aus IIA/DIIR: Internationale Standards für die berufliche Praxis der Internen Revision, Frankfurt a. M. 2017, S. 1.

Lediglich zur Umsetzung empfohlen werden einer Internen Revision folgende Elemente:
- Implementierungsleitlinien,
- Ergänzende Leitlinien.

Eine Interne Revision ist im Rahmen des IPPF verpflichtet, sich an den **Grundprinzipien für die berufliche Praxis der Internen Revision**[47] auszurichten. Bei den im Folgenden genannten zehn **Grundprinzipien** handelt es sich um Leitsätze, an denen sich das organisationale Lernen einer Internen Revision sowie das individuelle professionelle Lernen der Revisoren orientieren sollte:
- Zeigt Rechtschaffenheit.
- Zeigt Sachkunde und berufsübliche Sorgfalt.
- Ist objektiv und frei von ungebührlichem Einfluss (unabhängig).
- Richtet sich an Strategien, Risiken und Zielen der Organisation aus.
- Ist geeignet positioniert und mit angemessenen Mitteln ausgestattet.
- Zeigt Qualität und kontinuierliche Verbesserung.
- Kommuniziert wirksam.
- Erbringt risikoorientierte Prüfungsleistungen.
- Ist aufschlussreich, proaktiv und zukunftsorientiert.
- Fördert organisatorische Verbesserungen.

Als weiteres Element des IPPF enthält der **Ethikkodex**[48] elementare Anforderungen an eine professionelle Haltung sowie an ein professionelles Verhalten der Internen Revisoren, welche die Grundlage für die Entwicklung und Aufrechterhaltung des Vertrauens in die

---

47 Vgl. IIA/DIIR: Internationale Standards für die berufliche Praxis der Internen Revision, Frankfurt a. M. 2017, S. 12.
48 Vgl. IIA/DIIR: Internationale Standards für die berufliche Praxis der Internen Revision, Frankfurt a. M. 2017, S. 14–17.

Tätigkeit der Internen Revisoren und damit letztlich auch in den Berufsstand der Internen Revision sind.

Gegenstand des **Ethikkodex** sind **vier zentrale Aspekte**:
- Rechtschaffenheit,
- Objektivität,
- Vertraulichkeit,
- Fachkompetenz.

Unter dem Gesichtspunkt der **Objektivität** ist die Anforderung hervorzuheben, dass Interne Revisoren alle ihnen bekannten wesentlichen Fakten offenlegen, die – falls sie nicht mitgeteilt werden – die Berichterstattung über die von ihnen geprüften Aktivitäten verfälschen könnten.

Die Wahrung der **Fachkompetenz** macht es insbesondere erforderlich, dass Interne Revisoren nur solche Aufgaben übernehmen, für die sie das erforderliche Wissen, Können und die erforderliche Erfahrung haben.

Aus dem Ethikkodex leiten sich für Interne Revisionen bzw. für die Revisionsleiter diverse organisatorische Anforderungen zur Sicherstellung der Ethikkonformität ab. So werden in der Fachliteratur[49] u. a. folgende konkrete Maßnahmen vorgeschlagen:
- Schulungen,
- Beurteilungen,
- Evaluierung des ethischen Klimas,
- Konsequenter und konsistenter Umgang mit aufgetretenem Fehlverhalten.

---

49 Vgl. Peemöller, V.H.: Code of Ethics der Internen Revision, in: Freidank, C.-C.; Peemöller, V.H. (Hrsg.): Kompendium der Internen Revision, Berlin 2011, S. 119–143; Bünis M.; Gossens, T.: Unabhängigkeit und Objektivität: Grundsteine einer effektiven Revisionsarbeit, in: ZIR 3/2017, S. 120.

Gerade im Hinblick auf die nachweisliche Umsetzung dieser Maßnahmen besteht in deutschen Unternehmen häufig noch Verbesserungspotenzial. Das dürfte auch daran liegen, dass sich das kontinentaleuropäische Ethik-Verständnis sehr stark von dem aus dem US-amerikanischen Pragmatismus hervorgegangenen Ansatz der Business Ethics unterscheidet.[50] Im Rahmen der weiteren Implementierung von ursprünglich auch US-amerikanisch inspirierten Compliance-Management-Systemen in deutschen Unternehmen ist auch im Bereich der Maßnahmen zur Umsetzung der berufsethischen Grundsätze für Interne Revisoren eine Zunahme der Sensibilität zu erwarten.

Zentrales Element des IPPF ist die weltweit anerkannte **Definition der Internen Revision:** „Die Interne Revision erbringt unabhängige und objektive Prüfungs- und Beratungsdienstleistungen, welche darauf ausgerichtet sind, Mehrwerte zu schaffen und die Geschäftsprozesse zu verbessern. Sie unterstützt die Organisation bei der Erreichung ihrer Ziele, indem sie mit einem systematischen und zielgerichteten Ansatz die Effektivität des Risikomanagements, der Kontrollen und der Führungs- und Überwachungsprozesse bewertet und diese verbessern hilft."[51]

Besondere Fragen wirft gelegentlich die Unterscheidung zwischen Prüfungs- und Beratungsleistungen auf. Interne Revisoren streben oftmals danach, in einer Organisation auch als interne Berater anerkannt zu werden. Dieses erscheint jedoch aus zwei Gründen als problematisch. Zum einen kann eine Beratungstätigkeit schnell zu einem Verlust der Unabhängigkeit führen und damit die Funktionsfähigkeit der Internen Revision gefährden. Zum anderen unterscheiden sich die Denkweisen (mentalen Modelle) eines Prüfers und eines (internen) Beraters sehr stark voneinander. Wäh-

---

50 Vgl. Wendt, M.: Unternehmensethik und Auditing, in: Freidank, C. C.; Lachnit, L.; Tesch, J. (Hrsg.): Vahlens Großes Auditing Lexikon, München 2007, S. 1414–1416.
51 Vgl. IIA/DIIR: Internationale Standards für die berufliche Praxis der Internen Revision, Frankfurt a. M. 2017, S. 13.

rend sich ein Berater lösungsorientiert primär an den Vorstellungen seines Auftraggebers orientiert, hat sich ein Prüfer risikoorientiert und unter Wahrung der berufsethischen Anforderungen (insbesondere der Objektivität) primär an den Anforderungen, Prozessen und Strukturen der gesamten Organisation zu orientieren. In der Praxis kann insbesondere dann von einer Internen Revision ein zusätzlicher Mehrwert über die eigentliche Prüfungstätigkeit hinaus für ihre Organisation generiert werden, wenn es ihr gelingt, ihre Erkenntnisse aus durchgeführten Prüfungen den Fachbereichen als Ressource für deren eigenes Lernen zur Verfügung zu stellen (sogenannte prüfungsnahe Beratung). Die hierfür hilfreichen (systemischen) Fragetechniken können sich Interne Revisoren in spezifischen Methodentrainings aneignen. Gegenwärtig handelt es sich hierbei zumeist noch um ein (förderungswürdiges) persönliches Entwicklungsfeld für die Mitarbeiter der Internen Revision.[52]

Des Weiteren enthält das IPPF mit den **Internationalen Standards** (IIA-Standards)[53] konkrete Anforderungen an den Aufbau und die Struktur sowie an die Ausgestaltung der operativen Arbeitsweise der Internen Revision. Die Standards sind unterteilt in **Attributstandards** und **Ausführungsstandards**. Die Attributstandards enthalten Anforderungen an den Aufbau und die Struktur von Internen Revisionen, die Ausführungsstandards enthalten Anforderungen an die konkrete Tätigkeit der Revisoren.

Über die verbindlichen Elemente hinaus enthält das IPPF mit den **Implementierungsleitlinien** und den **Ergänzenden Leitlinien**

---

52 Vgl. zum systemischen Beratungsansatz Krizanits, J.: Einführung in die Methoden der systemischen Organisationsberatung, 2. Aufl., Heidelberg 2014; Simon, F. B.: Einführung in die (System-)Theorie der Beratung, Heidelberg 2014; Wimmer, R.: Die neue Systemtheorie und ihre Implikationen für das Verständnis von Organisation, Führung und Management, in: Rüegg-Stürm, J.; Bieger, T. (Hrsg.): Unternehmerisches Management – Herausforderungen und Perspektiven, Bern 2012, S. 7–65.
53 Vgl. IIA/DIIR: Internationale Standards für die berufliche Praxis der Internen Revision, Frankfurt a. M. 2017, S. 18 ff.

weitere Elemente, deren Anwendung empfohlen wird. Diese beschreiben bewährte Praktiken (Best Practices) für die wirksame Implementierung der Grundprinzipien, der Definition der Internen Revision, des Ethikkodex und der IIA-Standards.

Die internationalen Standards werden in Deutschland ergänzt durch spezifische Revisionsstandards des DIIR. Bislang wurden folgende DIIR Revisionsstandards veröffentlicht:
- DIIR Revisionsstandard Nr. 1: Zusammenarbeit von Interner Revision und Abschlussprüfer,
- DIIR Revisionsstandard Nr. 2: Prüfung des Risikomanagementsystems durch die Interne Revision,
- DIIR Revisionsstandard Nr. 3: Prüfung von Internen Revisionssystemen (Quality Assessment),
- DIIR Revisionsstandard Nr. 4: Prüfung von Projekten,
- DIIR Revisionsstandard Nr. 5: Prüfung des Anti-Fraud-Managementsystems.

Mit den Revisionsstandards hat das DIIR aktuelle sowie für die Praxis der Internen Revision in Deutschland besonders relevante Themenaspekte aufgegriffen. Die DIIR Revisionsstandards ergänzen als lokale Leitlinien die IIA-Standards. Sie werden Internen Revisionen in Deutschland zur Anwendung dringend empfohlen.[54]

## 3.2 Mindeststandards für eine angemessene und wirksame Interne Revision

Gemäß IIA-Standards muss sich eine Interne Revision regelmäßig einer Selbstbeurteilung (IIA-Standard 1311) und mindestens alle

---

54 Vgl. Deutsches Institut für Interne Revision, abrufbar unter *http://www.diir.de/fachwissen/standards/* (zuletzt abgerufen am 28.07.2017).

*Ausgestaltung und Funktionsweise der Internen Revision*

fünf Jahre einer externen Beurteilung (IIA-Standard 1312) unterziehen.[55]

Im Rahmen des IDW Prüfungsstandards 983 bzw. des DIIR Revisionsstandards Nr. 3 wurden die verbindlichen Anforderungen des IPPF zu 82 Qualitätskriterien zusammengefasst. Diese stellen konkrete Ausprägungen der Anforderungen an eine effektive und effiziente Interne Revision dar und gelten sowohl für die Prüfungs- als auch für die Beratungstätigkeiten der Internen Revision. Hierbei kommt sechs Kriterien als sogenannten Mindeststandards ein besonderer Stellenwert für jede professionell aufgestellte Interne Revision zu:

- Es ist eine offizielle schriftliche, angemessene Regelung (Geschäftsordnung, Revisionsrichtlinie o. Ä.) vorhanden (Mindeststandard 1).
- Neutralität, Unabhängigkeit von anderen Funktionen sowie uneingeschränktes Informationsrecht sind sichergestellt (Mindeststandard 2).
- Die Interne Revision verfügt über eine angemessene quantitative und qualitative Personalausstattung (Mindeststandard 3).
- Der Prüfungsplan der Internen Revision wird auf Grundlage eines standardisierten und risikoorientierten Planungsprozesses erstellt (Mindeststandard 4).
- Art und Umfang der Prüfungshandlungen und -ergebnisse werden einheitlich, sachgerecht und ordnungsgemäß dokumentiert (Mindeststandard 5).
- Die Umsetzung der im Bericht dokumentierten Maßnahmen wird von der Internen Revision durch einen effektiven Follow-Up-Prozess überwacht (Mindeststandard 6).

---

55 Vgl. IIA/DIIR: Internationale Standards für die berufliche Praxis der Internen Revision, Frankfurt a. M. 2017, S. 31–32.

Eine unzureichende Umsetzung auch nur eines Mindeststandards führt zwingend dazu, dass eine Interne Revision insgesamt weder als wirksam noch als angemessen beurteilt werden kann.

Im Folgenden werden einige für die Umsetzung der **sechs Mindeststandards** in der Praxis wesentliche Aspekte näher erläutert:

*(1) Es ist eine offizielle schriftliche, angemessene Regelung (Geschäftsordnung, Revisionsrichtlinie o. Ä.) vorhanden (Mindeststandard 1)*

Der **Mindeststandard 1** fordert eine offizielle schriftliche, angemessene Regelung für die Interne Revision. Hierbei wird unter einer Regelung („Revisionsordnung", „Geschäftsordnung Interne Revision", „Revisionsrichtlinie" oder dergleichen) der Internen Revision im Regelfall ein zumindest vom Leitungsorgan genehmigtes schriftliches Dokument verstanden, das Aufgabenstellung, Befugnisse und Verantwortung der Internen Revision festlegt. Eine solche Regelung sollte insbesondere

- die Stellung der Internen Revision innerhalb des Unternehmens festlegen,
- die Art und Weise der Orientierung an bzw. der Verpflichtung auf Einhaltung des IPPF spezifizieren,
- den Zugang zu Informationen, zur Belegschaft und zu den Vermögensgegenständen sichern, die für die Erfüllung von Prüfungs- und Beratungsaufträgen relevant sind, sowie
- den Umfang der Tätigkeiten und der Berichtspflichten der Internen Revision festlegen.

Während eine **Revisionsordnung** in erster Linie zur Festlegung von Aufgaben, Rechten und Pflichten der Internen Revision im Unternehmen dient und auch ablauforganisatorische Regelungen mit Relevanz für die Fachbereiche beinhalten kann, handelt es sich bei einem **Revisionshandbuch** um eine Zusammenstellung der für die

*Ausgestaltung und Funktionsweise der Internen Revision*

operative Tätigkeit der Interne Revision maßgeblichen Organisationsstrukturen, ablauforganisatorischen Regelungen und sonstigen Vorgaben. Es richtet sich somit primär an die Revisoren und dient dazu, eine ordnungsgemäße und konsistente Tätigkeit der Internen Revision sicherzustellen.

*(2) Neutralität, Unabhängigkeit von anderen Funktionen sowie uneingeschränktes Informationsrecht sind sichergestellt (Mindeststandard 2)*[56]

Der **Mindeststandard 2** fordert, dass Neutralität, Unabhängigkeit von anderen Funktionen sowie ein uneingeschränktes Informationsrecht der Internen Revision sichergestellt sind.

Hierbei bezeichnet **Unabhängigkeit** das Fehlen von Umständen, die die Fähigkeit der Internen Revision beeinträchtigen, ihre Aufgaben unbeeinflusst auszuüben. Die Unabhängigkeit der Internen Revision von den zu prüfenden Prozessen sowie von den zu prüfenden Organisationseinheiten ist die elementare Anforderung an eine funktionsfähige Interne Revision. Unabhängigkeit bezeichnet somit eine organisatorische Eigenschaft der Internen Revision.[57] Gemäß IIA-Standard 1110 muss der Revisionsleiter mindestens jährlich die organisatorische Unabhängigkeit gegenüber dem Leitungsorgan bestätigen.[58]

**Objektivität** bezeichnet eine unvoreingenommene geistige Haltung, die es Internen Revisoren ermöglicht, Aufträge so durchzuführen, dass sie von ihren Arbeitsergebnissen und davon, dass sie keine Kompromisse bezüglich der Qualität eingegangen sind,

---

56 Vgl. hierzu auch unter „Führungsaufgaben" (Kapitel 6.2 Buchstabe e).
57 Vgl. Bünis M.; Gossens, T.: Unabhängigkeit und Objektivität: Grundsteine einer effektiven Revisionsarbeit, in: ZIR 3/2017, S. 117.
58 Vgl. IIA/DIIR: Internationale Standards für die berufliche Praxis der Internen Revision, Frankfurt a. M. 2017, S. 24–25.

überzeugt sind. Objektivität verlangt von Internen Revisoren, sich bei der Beurteilung von geprüften Sachverhalten nicht von der (ungeprüften) Meinung anderer Personen beeinflussen zu lassen.[59] Die Offenlegung von (potenziellen) Interessenkonflikten dient der Sicherstellung der Objektivität. Objektivität bezeichnet somit eine persönliche Eigenschaft des einzelnen Revisors.[60]

Ein **uneingeschränktes Informationsrecht** über alle Vorgänge innerhalb der Organisation ist eine weitere wichtige Grundlage der Internen Revision. In der Regel wird der Internen Revision zur Wahrnehmung ihrer Aufgaben ein vollständiges und uneingeschränktes Informationsrecht in der Geschäftsordnung eingeräumt. Dieses sollte so ausgestaltet sein, dass der Internen Revision auf Verlangen unverzüglich Auskunft erteilt sowie Einblick und Unterstützung gewährt wird und die notwendigen Unterlagen zur Verfügung gestellt werden.

*(3) Die Interne Revision verfügt über eine angemessene quantitative und qualitative Personalausstattung (Mindeststandard 3)*
Für die Praxis ist die in **Mindeststandard 3** geforderte angemessene quantitative und qualitative Personalausstattung der Internen Revision eine besonders kritische Anforderung. Außerhalb des Bereiches der Finanzdienstleistungsunternehmen, in denen regulatorische Vorgaben bzw. Erwartungen de facto eine angemessene quantitative und qualitative Personalausstattung der Internen Revision sicherstellen, scheitern viele Unternehmen an diesem Kriterium. Denkbar erscheint es, dass sich perspektivisch im Zuge der Umsetzung des IDW Prüfungsstandards 983 bzw. DIIR Revisionsstandards Nr. 3 zur Prüfung der Angemessenheit und Wirksamkeit von Internen

---

59 Vgl. IIA/DIIR: Internationale Standards für die berufliche Praxis der Internen Revision, Frankfurt a. M. 2017, S. 24.
60 Vgl. Bünis M.; Gossens, T.: Unabhängigkeit und Objektivität: Grundsteine einer effektiven Revisionsarbeit, in: ZIR 3/2017, S. 117.

Revisionssystemen belastbare Benchmarking-Ansätze herausbilden. Für eine Interne Revision dürfte langfristig der Umfang der Berücksichtigung bei der Zuteilung knapper Budgetmittel primär davon abhängen, ob und inwieweit es ihr gelingt, den durch die Revisionstätigkeit für das Unternehmen erzielten Mehrwert aufzuzeigen. Erfolgsversprechende Ansatzpunkte hierfür sind z. B. die Positionierung der Internen Revision als „Trusted Advisor"[61] oder als bevorzugter Einsatzbereich für den Managementnachwuchs im Unternehmen im Sinne einer „Kaderschmiede".[62]

*(4) Der Prüfungsplan der Internen Revision wird auf Grundlage eines standardisierten und risikoorientierten Planungsprozesses erstellt (Mindeststandard 4)*[63]

Der **Mindeststandard 4** verlangt, dass der Revisionsleiter eine risikoorientierte Prüfungsplanung erstellt, um die Prioritäten der Revisionstätigkeit im Einklang mit den Zielen der Organisation festzulegen. Die Prüfungsplanung der Internen Revision muss auf Basis einer dokumentierten und standardisierten Risikobeurteilung sämtlicher Prüfungsfelder (Audit Universe) erfolgen, die mindestens einmal pro Jahr durchzuführen bzw. zu aktualisieren ist. Hierbei sollte der Input der leitenden Führungskräfte, der Geschäftsleitung und des Überwachungsorgans abgefragt und in nachvollziehbarer Weise berücksichtigt werden.[64]

---

61 Vgl. Herold, R.: Die Interne Revision als Trusted Advisor und Qualitätsgarant in einem volatilen Geschäftsumfeld, in: Audit Committee Institut e. V. (Hrsg.): Audit Committee Quarterly. Qualität der Internen Revision, Berlin 2016, S. 7–12.
62 Vgl. Schipporeit, E.: Anforderungen an die Qualität der Internen Revision aus Sicht des Prüfungsausschusses, in: Audit Committee Institut e. V. (Hrsg.): Audit Committee Quarterly. Qualität der Internen Revision, Berlin 2016, S. 5–6.
63 Vgl. hierzu auch unter „Führungsaufgaben" (Kapitel 6.2 Buchstabe a).
64 Vgl. IIA/DIIR: Internationale Standards für die berufliche Praxis der Internen Revision, Frankfurt a. M. 2017, S. 36–37 (IIA-Standard 2010 Planung).

Durch die Festlegung des inhaltlichen Zuschnitts und die Abgrenzung der Prüfungsfelder sowie durch die Festlegung und Kalibrierung der Risikobewertungskriterien für die Prüfungsfelder entsteht eine methodische Selbstbindung, die einen willkürlichen Eingriff in die Prüfungsplanung erschwert. Vor diesem Hintergrund verlangen die Standards eine transparente Festlegung der Verfahrensweise mit klar geregelten Verantwortlichkeiten für den Fall, dass Änderungen in der Bewertungsmethodik vorgenommen werden sollen.[65]

*(5) Art und Umfang der Prüfungshandlungen und -ergebnisse werden einheitlich, sachgerecht und ordnungsgemäß dokumentiert (Mindeststandard 5)*

Der **Mindeststandard 5** verlangt eine einheitliche, sachgerechte und ordnungsgemäße Dokumentation der Prüfungshandlungen und Prüfungsergebnisse. Zentraler Maßstab hierfür ist, dass ein sachkundiger Dritter die durchgeführten Prüfungshandlungen sowie die Prüfungsergebnisse in angemessener Zeit nachvollziehen kann. Die Nutzung einer geeigneten Prüfungssoftware zur Planung und Dokumentation der Prüfungsarbeiten kann dazu beitragen, diesen Mindeststandard besser zu erfüllen.

*(6) Die Umsetzung der im Bericht dokumentierten Maßnahmen wird von der Internen Revision durch einen effektiven Follow-Up-Prozess überwacht (Mindeststandard 6)*

Der **Mindeststandard 6** stellt die Anforderung an die Interne Revision, die im Prüfungsbericht dokumentierten Maßnahmen durch einen effektiven Follow-Up-Prozess zu überwachen.

---

[65] Vgl. insgesamt zu diesem Themenkomplex Bünis, M.; Gossens, T.: Ein praktischer Ansatz zur risikoorientierten Prüfungsplanung – Der Nachweis der risikoorientierten Planung kann trotz Beschränkungen in der Prüferkapazität gelingen, in: ZIR 6/2011, S. 311–317.

*Ausgestaltung und Funktionsweise der Internen Revision*

Im Rahmen des Follow-Up-Prozesses überwacht die Interne Revision, ob und inwieweit die vom zuständigen Management als Reaktion auf die von der Internen Revision gemachten Prüfungsfeststellungen umzusetzenden Maßnahmen sach- und termingerecht erfolgen.

Ein funktionierender Follow-Up-Prozess ist zentral für die Wirksamkeit der Internen Revision.[66] In der Praxis zeigt sich gerade in der Ausgestaltung und Umsetzung des Follow-Up-Prozesses besonders deutlich wie es um die Revisionskultur eines Unternehmens bestellt ist. Letztlich geht es hierbei um die zentrale Frage, ob die Interne Revision in einem Unternehmen ernst genommen wird. Nur in Unternehmen mit einer starken Revisionskultur, kann es der Internen Revision nachhaltig gelingen, Prüfungen effizient durchzuführen, gehaltvolle Verbesserungsmaßnahmen zu identifizieren und deren fristgerechte Umsetzung sicherzustellen.

Die Berichterstattung über die fristgerechte Umsetzung der Maßnahmen bzw. zum aktuellen Stand der Umsetzung ist zugleich ein wesentliches Element der zusammenfassenden Jahres- bzw. Quartalsberichterstattung der Internen Revision an das Leitungs- sowie ggf. auch an das Überwachungsorgan.

## 3.3 Mindestanforderungen an die Interne Revision in Banken und sonstigen Finanzdienstleistungsunternehmen (MaRisk)

Für Banken und sonstige Finanzdienstleister gelten spezifische verbindliche Vorgaben für die Ausgestaltung der Internen Revision. Diese sind in den Mindestanforderungen an das Risikomanagement (MaRisk) enthalten, welche die Bundesanstalt für Finanz-

---

66 Vgl. Bünis, M.; Gossens, T.: Modernes Follow-Up – Der Turbo für den Mehrwert der Internen Revision, in: ZIR 1/2014, S. 24–32.

dienstleistungsaufsicht (BaFin) auf der Grundlage von § 25 a KWG erlassen hat.

Die von der BaFin entwickelten MaRisk stecken einen prinzipienorientierten Rahmen ab, der den Instituten Spielräume für eine individuelle Umsetzung einräumt. Auch wenn die Vorgaben der MaRisk für Organisationen anderer Branchen nicht verbindlich sind, so gelten sie für den gesamten Berufsstand der Internen Revisoren in Deutschland als Best Practice.

Die Anforderungen an die Interne Revision nach MaRisk stehen in Einklang mit dem IPPF.[67] Gemäß MaRisk muss jedes Institut über eine funktionsfähige Interne Revision verfügen. Die Interne Revision ist ein Instrument der Geschäftsleitung, ihr unmittelbar unterstellt und berichtspflichtig. In einigen Punkten gehen die MaRisk über das IPPF hinaus. Beispiele für solche weitergehenden Vorgaben der MaRisk sind:[68]

- Der Vorsitzende des Aufsichtsorgans kann unter Einbeziehung der Geschäftsleitung direkt bei dem Leiter der Internen Revision Auskünfte einholen (vgl. MaRisk AT 4.4.3 Ziffer 2).
- Die Interne Revision prüft die Ordnungsmäßigkeit grundsätzlich aller Aktivitäten und Prozesse. Diese sind in angemessenen Abständen, grundsätzlich innerhalb von drei Jahren, zu prüfen (vgl. MaRisk BT 2.3 Ziffer 1).
- Wechselt die Leitung der Internen Revision, ist das Aufsichtsorgan zu informieren (vgl. MaRisk AT 4.4.3 Ziffer 6).
- Die Interne Revision hat bei wesentlichen Projekten begleitend tätig zu sein (MaRisk BT 2.1 Ziffer 2).

---

67 Vgl. Deutsches Institut für Interne Revision: Positionspapier – Die Interne Revision im Spannungsfeld zwischen Vorstand und Aufsichtsrat, Frankfurt/M. 2014, S. 8, abrufbar unter *http://www.diir.de/fachwissen/diir-veroeffentlichungen/fachbeitraege/* (zuletzt abgerufen am 02.08.2017).
68 Vgl. Bundesanstalt für Finanzdienstleistungsaufsicht (BaFin): Anschreiben zum Rundschreiben 10/2012 (BA) – Mindestanforderungen an das Risikomanagement (MaRisk), Bonn/Frankfurt a. M., 14.12.2012.

- Die in der Internen Revision beschäftigten Mitarbeiter dürfen grundsätzlich nicht mit revisionsfremden Aufgaben betraut werden (MaRisk BT 2.2. Ziffer 2).
- Die Interne Revision hat zeitnah einen Jahresbericht zu verfassen und der Geschäftsleitung vorzulegen (MaRisk BT 2.4 Ziffer 4).
- Die Geschäftsleitung hat das Aufsichtsorgan mindestens jährlich über die von der Internen Revision festgestellten schwerwiegenden Mängel zu unterrichten (MaRisk BT 2.4 Ziffer 6).
- Über besonders schwerwiegende Mängel ist das Aufsichtsorgan unverzüglich durch die Geschäftsleitung in Kenntnis zu setzen (MaRisk BT 2.4 Ziffer 5).

Für Versicherungen hat die BaFin mit Rundschreiben 3/2009 – Aufsichtsrechtliche Anforderungen an das Risikomanagement (MaRisk VA) ebenfalls umfangreiche Anforderungen für die Interne Revision erlassen.[69] Die MaRisk VA wurden zum 1. Januar 2016 aufgehoben.

---

69 Vgl. Bundesanstalt für Finanzdienstleistungsaufsicht (BaFin): Rundschreiben 3/2009 – Aufsichtsrechtliche Anforderungen an das Risikomanagement (MaRisk VA), Bonn 2009, S. 37–41.

## 4. Sourcing-Ansätze für die Interne Revision: Outsourcing, Co-Sourcing, Insourcing

Um die risikoorientierte Mehrjahresplanung der Internen Revision realisieren zu können, ist es erforderlich, dass die Revisionsfunktion mit den hierzu notwendigen Ressourcen ausgestattet wird. Nur eine Interne Revision, welche über eine angemessene qualitative und quantitative Personalausstattung verfügt, kann als wirksam bezeichnet werden.[70]

Nicht immer ist jedoch die Personalausstattung mit eigenen (fest angestellten) Mitarbeitern ausreichend, um die Revisionsaufträge zeitgerecht und qualitativ hochwertig abwickeln zu können. In der Praxis haben sich daher diverse Sourcing-Ansätze entwickelt, welche es ermöglichen, die personelle Ausstattung der Internen Revision durch unternehmensexterne oder unternehmensinterne Fachexpertise so anzureichern, dass die von der Revisionsleitung gesetzten und von den gesetzlichen Organen bestätigten Revisionsziele erfüllt werden können.

Beim Sourcing von Leistungen der Internen Revision wird zwischen drei Ansätzen unterschieden, die in der Praxis teilweise auch in Kombination miteinander zur Anwendung gelangen:

---

70 Vgl. Institut der Wirtschaftsprüfer: Prüfungsstandard 983. Kriterienkatalog in Anlage 1, Düsseldorf 2017, wonach in Kriterium 12 eine angemessene Personalausstattung als Mindeststandard gefordert wird.

- Outsourcing,
- Co-Sourcing,
- Insourcing.

Unabhängig davon, wie und in welchem Umfang eine Auslagerung von Revisionsleistungen erfolgt, sollte sichergestellt werden, dass zumindest eine unternehmensinterne Koordinationsfunktion mit der notwendigen Autorität und Unabhängigkeit im Unternehmen verbleibt, welche die Revisionsleistungen insgesamt plant, koordiniert und überwacht.[71]

## 4.1 Outsourcing

Beim Outsourcing wird entweder die Umsetzung der Revisionsfunktion insgesamt oder zumindest die Durchführung einzelner Revisionsaufträge (z. B. die Unterschlagungsprüfung durch einen forensischen Experten oder die Prüfung des Compliance-Management-Systems) auf einen externen Dienstleister ausgelagert. In der Praxis erfolgt dies regelmäßig für jene Themenbereiche, für die in der Internen Revision nicht die erforderliche Fachkompetenz vorgehalten werden kann (z. B. für den Bereich der IT-Revision) sowie in den Fällen, in denen die Interne Revision selbst operative Verantwortlichkeiten übernimmt bzw. übernommen hat (z. B. wenn die Leitung der Compliance-Funktion auch beim Revisionsleiter liegt).

Darüber hinaus kann sich ein Outsourcing bei hochsensiblen Revisionsleistungen, wie z. B. bei Prüfungen der Organisations- oder Risikokultur, bei Management-Audits sowie bei Prüfungen des Fuhrparks und des Travel-Managements, empfehlen. In diesen The-

---

[71] Vgl. Bungartz, O.: Interne Revision und Abschlussprüfer, in: Freidank, C.-C.; Peemöller, V. H. (Hrsg.): Kompendium der Internen Revision. Internal Auditing in Wissenschaft und Praxis, Berlin 2011, S. 552.

menfeldern sind oft auch die Mitglieder der Unternehmensorgane selbst bzw. deren Verhalten direkter Prüfungsgegenstand. Somit könnte die Interne Revision, welche im Regelfall organisatorisch und disziplinarisch unmittelbar der Geschäftsleitung untersteht, in einen Interessenkonflikt geraten.

Bei der Auslagerung von Revisionsleistungen auf den Jahresabschlussprüfer ist darauf zu achten, dass dieser seine Unabhängigkeit im Abschlussprüfungsprozess nicht verliert (vgl. § 319 Abs. 3 Nr. 3b HGB sowie Artikel 5 Abs. 1 Satz 2 Buchst. h EU-Abschlussprüferverordnung (EU-VO)).[72]

Besondere Anforderungen an das Outsourcing von Revisionsleistungen werden bei Kreditinstituten und Finanzdienstleistungsunternehmen gestellt. Nach § 25b Abs. 1 S. 2 KWG darf durch das Outsourcing weder die Ordnungsmäßigkeit der Geschäfte und der Dienstleistungen noch die Geschäftsorganisation nach § 25a Abs. 1 KWG beeinträchtigt werden. Für Versicherungsunternehmen ist § 32 VAG zu beachten. Auch bei einer Auslagerung bleiben die Institute für die Einhaltung der zu beachtenden gesetzlichen bzw. aufsichtsrechtlichen Bestimmungen verantwortlich (§ 25b Abs. 2 KWG; § 32 Abs. 1 VAG). Die Bundesanstalt für Finanzdienstleistungsaufsicht (BaFin) hat in den Mindestanforderungen an das Risikomanagement (MaRisk) detaillierte Vorgaben für ein Outsourcing gemacht. Generell empfiehlt es sich, den externen Dienstleister vertraglich dazu zu verpflichten, die internationalen Standards für die berufliche Praxis der Internen Revision (IPPF) einzuhalten.[73]

---

72 Dies betrifft insbesondere sogenannte Public Interest Entities (PIE). Weitere Hinweise zur Abgrenzung finden sich im Punkt 3.10. des IDW Positionspapiers zu Nichtprüfungsleistungen des Abschlussprüfers (in der jeweils aktuellen Fassung) – abrufbar unter: www.idw.de/verlautbarungen.

73 Vgl. Peemöller, V. H.: Outsourcing der Internen Revision, in: Freidank, C.-C.; Peemöller, V. H. (Hrsg.): Kompendium der Internen Revision. Internal Auditing in Wissenschaft und Praxis, Berlin 2011, S. 519.

Um die Wirksamkeit des Internen Revisionssystems sicherzustellen, sind in den Vereinbarungen mit externen Dritten Art und Umfang der Revisionstätigkeiten so festzulegen, dass eine angemessene, professionelle und prozessunabhängige Revisionstätigkeit über das ganze Geschäftsjahr tatsächlich gewährleistet ist.

## 4.2 Co-Sourcing

Das Co-Sourcing unterscheidet sich vom Outsourcing dadurch, dass hier externe Dienstleister lediglich unterstützend zu Revisionsarbeiten hinzugezogen werden. Ein Teil der Arbeiten sowie die Gesamtverantwortung für die einzelnen Revisionsprüfungen verbleiben bei der Internen Revision. Dies findet meist in Form einer Arbeitsteilung in der Weise statt, dass sich ein Prüfungsteam zur Durchführung eines Revisionsauftrags aus (fest angestellten) Mitarbeitern der Internen Revision sowie externen Spezialisten zusammensetzt. Dabei kann die operative Prüfungsleitung entweder bei einem Teammitglied der Internen Revision (durch Einbindung eines externen Revisors mit Spezialkenntnissen, z. B. im Bereich der Prüfung der Organisationskultur) oder auch beim externen Berater (in Form der Beistellung junger Revisionsmitarbeiter der Internen Revision zu Ausbildungszwecken) liegen.

Da die Gesamtverantwortung für die Prüfung bei der Internen Revision verbleibt, muss diese dafür sorgen, dass nur externe Anbieter gewählt werden, die über die erforderliche Kompetenz[74] sowie die notwendige Objektivität und Unabhängigkeit verfügen (nicht zuletzt vor dem Hintergrund der Tatsache, dass in solchen

---

74 Vgl. Peemöller, V. H.: Outsourcing der Internen Revision, in: Freidank, C.-C.; Peemöller, V. H. (Hrsg.): Kompendium der Internen Revision, Berlin 2011, S. 515.

Konstellationen auch die Verantwortlichkeit für den Follow-Up-Prozess zumeist bei der Internen Revision verbleibt).

## 4.3 Insourcing

Der in der Praxis nur wenig verbreitete Ansatz des Insourcing bezeichnet diejenigen Fälle, in denen sich das Prüfungsteam zur Revisionsdurchführung unternehmensinterner Ressourcen bedient, indem auf Spezialisten (z. B. Technologieexperten) anderer Abteilungen des eigenen Unternehmens zugegriffen wird und diese entweder Prüfungen vollumfänglich eigenständig durchführen oder in ein Prüfungsteam integriert werden. Die Umsetzung des Insourcing stellt hohe Anforderungen an die Unabhängigkeit, Neutralität und Objektivität der aus dem eigenen Unternehmen rekrutierten Experten. Insbesondere ist sicherzustellen, dass es nicht zu einer Selbstprüfung (d. h. eine Prüfung von Sachverhalten, die vom Prüfer selbst initiiert oder mitgestaltet wurden) kommt. Darüber hinaus wird in diesen Fällen regelmäßig eine enge Führung und Begleitung im Hinblick auf Prüfungsvorbereitung, -durchführung und -dokumentation erforderlich sein, da bei den hinzugezogenen unternehmensinternen Experten im Regelfall nur unzureichende Kenntnisse der Prüfungsmethodik etc. vorhanden sind.

## 4.4 Kriterien für die konkrete Ausgestaltung des Sourcing-Ansatzes

Die vorstehend aufgezeigten Sourcing-Modelle erfordern im Hinblick auf die Sicherstellung der Einhaltung verbindlicher Revisionsstandards sowie ggf. regulatorischer Vorgaben besondere Aufmerksamkeit in Bezug auf ihre praktische und vertragliche Umsetzung. Insbesondere sollten die Verantwortlichkeiten zwischen dem Unternehmen und dem externen Dienstleister exakt festgelegt werden.[75]

Bei der Ausgestaltung des Sourcing-Ansatzes sind seitens der Revisionsleitung sowie ggf. auch der gesetzlichen Vertreter die nachfolgend dargestellten Argumente gegeneinander abzuwägen:

*a) Vor- und Nachteile des Outsourcing*

| Vorteile | Nachteile |
|---|---|
| Senkung fixer Personalkosten, ggf. Kosteneinsparung. | Abhängigkeit von externen Dritten. |
| Mehrwert durch externe Expertise und spezifische Prüfungstools. | Hohe Einarbeitungszeiten externer Prüfer in betriebsinterne Sachverhalte. |
| Flexible Abdeckung von Kapazitätsengpässen. | Fehlende personelle Kontinuität. |
| Ggf. verbesserte Akzeptanz der Prüfungsergebnisse bei den Unternehmensorganen. | Ggf. geringere Akzeptanz Externer seitens der geprüften Fachbereiche. |
| Ggf. Vermeidung von Interessenkonflikten bei der Internen Revision. | |

*Tabelle 1: Vor- und Nachteile des Outsourcing von Revisionsleistungen*

---

75 Vgl. Marx, F.-J.: Stellung und Aufbau der Internen Revision im Rahmen der Unternehmens- und Konzernorganisation, in: Freidank, C.-C.; Peemöller, V. H. (Hrsg.): Kompendium der Internen Revision. Internal Auditing in Wissenschaft und Praxis, Berlin 2011, S. 112.

## b) Vor- und Nachteile des Co-Sourcing

| Vorteile | Nachteile |
|---|---|
| Übernahme von Koordinations- und Kontrollaufgaben durch die Revisionsleitung. | Abstimmungserfordernis zwischen externen Spezialisten und Internen Revisoren erschwert eine klare Abgrenzung der Verantwortlichkeiten. |
| Betriebliche Kenntnisse der Internen Revision können in der Prüfung genutzt werden. | Ggf. Lücken in der Dokumentation der Prüfungsergebnisse, da diese beim Dienstleister verbleiben (soweit nicht anders vereinbart). |
| Möglicher Know-how-Transfer von externen Spezialisten auf die Interne Revision. | Risiko eines nicht sachgerechten Follow-Up-Prozesses sofern dieser – wie in der Praxis üblich – nicht vom Dienstleister übernommen wird. |

*Tabelle 2: Vor- und Nachteile des Co-Sourcing von Revisionsleistungen*

## c) Vor- und Nachteile des Insourcing

| Vorteile | Nachteile |
|---|---|
| Einbindung von dezidierten Fachspezialisten in hochkomplexe Revisionsprojekte (Technologieexperten etc.). | Ggf. beeinträchtigte Objektivität bzw. Unabhängigkeit bei einem nicht prozessunabhängigen Prüfer „aus den eigenen Reihen". |
| Know-how-Transfer auf die Interne Revision bei „Joint-Audits". | Hoher Betreuungsaufwand aufgrund fehlender Kenntnis der einschlägigen Revisionsstandards beim temporär eingesetzten Spezialisten. |

*Tabelle 3: Vor- und Nachteile des Insourcing von Revisionsleistungen*

# 5. Exkurs: Das Dilemma der Unternehmensüberwachung und die Kunst des „richtigen" Fragens

> *„To the extent that auditing must always trust at least some of the representations of senior management and other internal sources of information, the auditor is always informationally dependent."*[76]

## 5.1 Informationsasymmetrien als grundlegendes Dilemma der Unternehmensüberwachung

Sowohl der Aufsichtsrat im Rahmen seiner Überwachungsfunktion als auch die Interne Revision im Rahmen ihrer Prüfungsfunktion haben die zentrale Aufgabe, Sachverhalte zu beurteilen, zu denen sie über keine primären Informationen verfügen. Sie sind daher im Regelfall auf die ihnen zum Zwecke ihrer Urteilsbildung vom Vorstand (im Falle des Aufsichtsrats) bzw. von den Fachbereichen (im Falle der Internen Revision) zur Verfügung gestellten (und insoweit sekundären) Informationen angewiesen. Für den Aufsichtsrat und die Interne Revision besteht somit eine zentrale Herausforderung darin, in einer sachgerechten Weise mit diesen funktionsbedingten und daher unvermeidlichen Informationsasymmetrien umzugehen.

---

76 Vgl. Power, M: The Audit Society. Rituals of Verification, London 1997, S. 132.

Aufgrund dieses strukturellen „Nichtwissens" kommt der Kunst des „richtigen" Fragens in der Arbeit sowohl des Aufsichtsrats als auch der Internen Revision eine wesentliche Bedeutung zu. Während für den Aufsichtsrat der Adressat seiner Fragen primär das Leitungsorgan ist, richten sich die Fragen der Internen Revision primär an die im Rahmen eines Prüfungsauftrages jeweils operativ verantwortlichen Vertreter der Fachbereiche. Fragestellungen des Aufsichtsrates zur Internen Revision werden allerdings – insoweit dem angelsächsischen Board-Modell folgend – zunehmend auch in der Praxis deutscher Unternehmen direkt an den Revisionsleiter gerichtet, soweit das im Rahmen der Geschäftsordnung der Internen Revision und in der Informationsordnung des Aufsichtsrates so festgelegt wurde.[77]

Menschliche Kommunikation geschieht niemals im luftleeren Raum, sondern immer auf der Grundlage einer wie auch immer gearteten Beziehung zwischen den Gesprächspartnern. Eine gute Kommunikation setzt eine vertrauensvolle Beziehung zwischen den Gesprächspartnern voraus. Vertrauensvolle Beziehungen zu bilden ist somit auch grundlegend für eine wirksame Tätigkeit von Aufsichtsrat und Interner Revision.[78]

Da der Aufsichtsrat prinzipiell mit der ganzen Komplexität des von ihm zu überwachenden Unternehmens konfrontiert ist, bleibt ihm zumindest im Regelbetrieb keine andere Wahl als dem Vorstand und den von ihm vorgelegten Informationen zu vertrauen.

Die Interne Revision hat zwar – gestützt auf ihr unbeschränktes Informationsrecht – die Möglichkeit, sich jeweils im Rahmen von konkreten Prüfungsaufträgen aus verschiedenen (unternehmensinternen) Quellen Informationen zu beschaffen, muss aber letztlich im Hinblick auf die Engpassfaktoren Prüfungszeit und Ressour-

---

[77] Vgl. Hucke, A.; Münzenberg, T.: Recht der Revision, Berlin 2015, S. 133.
[78] Zur Bedeutung von „respektvoller Konfrontation" vgl. Schulz von Thun, F.: Miteinander reden: 4. Fragen und Antworten, Hamburg 2007, S. 41–48.

cenverfügbarkeit auch auf die Richtigkeit der ihr von den Fachbereichen zur Verfügung gestellten Informationen vertrauen. Eine Ausnahme von diesem Grundsatz ist insbesondere dann gegeben, wenn ein konkreter Verdacht auf manipulative oder wirtschaftskriminelle Handlungen in einem zu prüfenden Bereich besteht. Für diesen Fall sind aber auch Prüfungsansatz und -vorgehen spezifisch anzupassen sowie ggf. geeignete (externe) Experten hinzuzuziehen.

Wechselseitige Abhängigkeiten sind grundlegend für die Gesprächssituation zwischen Aufsichtsrat und Vorstand. Erschwerend kommt hinzu, dass sich die Aufsichtsratsmitglieder auch gegenüber dem Aufsichtsratsvorsitzenden und die Vorstände gegenüber ihren Fachbereichen in einer Situation des Bestehens von strukturellen Informationsasymmetrien zu ihren Lasten befinden. Eine ähnliche Informationsasymmetrie besteht in der Internen Revision zwischen den aufgrund ihrer übergeordneten Aufgaben und ihrem Status primär verantwortlichen Führungskräften der Internen Revision (insbesondere dem Revisionsleiter) und den die konkreten Prüfungshandlungen vor Ort durchführenden Revisoren.

Um mit dieser Situation des Bestehens eines strukturellen „Nichtwissens" sachgerecht umgehen zu können, sind bei Aufsichtsräten und Internen Revisoren profunde Sachkenntnisse und eine gute Urteilskraft erforderlich, wie sie sich im günstigsten Fall aus langjähriger, reflektierter Berufserfahrung ergeben. Angesichts der unübersehbaren Fülle der vorhandenen Informationen müssen Aufsichtsräte und Interne Revisoren nicht nur ein Gespür für relevante Informationen entwickeln, sondern sie müssen auch die Durchsetzungskraft haben, die jeweils von ihnen als relevant eingeschätzten Informationen von ihren Gesprächspartnern einzufordern. Des Weiteren müssen sie über die grundlegende Fähigkeit und die hierfür erforderliche innere Haltung verfügen, um die ihnen vorgelegten Informationen kritisch zu hinterfragen. Vor allem aber müssen sie in der Lage sein, sich im konkreten Fall das eigene partielle „Nichtwissen" sowie die Grenzen der eigenen Urteilsfähigkeit selbst einzugestehen und dieses in angemessener Weise gegenüber den Gesprächspartnern offenzulegen. Nur so kann es zu authentischen und vertrauensbildenden Gesprächssituationen kommen.

## 5.2 Kommunikation als zentraler Erfolgsfaktor der Unternehmensüberwachung

Durch die o. a. Ausführungen sollte deutlich geworden sein, dass eine sachgerechte Wahrnehmung sowohl der Überwachungsfunktion des Aufsichtsrats als auch der Prüfungsfunktion der Internen Revision eine auf der sachlichen wie auch auf der persönlichen Ebene sehr herausfordernde Aufgabe ist. Dieses gilt bereits für den Regelbetrieb. Entfaltet sich dann auch noch ein in Überwachungs- und Prüfungssituationen strukturell immer vorhandenes Konfliktpotential und treten ernsthafte Differenzen zwischen den verschiedenen Akteuren auf, gelangen Aufsichtsrat und Interne Revision schnell an die Grenzen ihrer Leistungsfähigkeit.

Wichtig ist daher für Aufsichtsräte und Interne Revisoren in gleicher Weise die Fähigkeit zum Aufbau von vertrauensvollen Beziehungen auf der Grundlage einer wechselseitigen Akzeptanz der unterschiedlichen Aufgaben und Rollen. Nur auf dieser Basis kann die Überwachungs- bzw. Prüfungstätigkeit zu einer fruchtbaren Kooperation mit dem beaufsichtigten Leitungsorgan bzw. den geprüften Fachbereichen führen, so dass im Ergebnis die Überwachungs- und Revisionskultur eines Unternehmens gestärkt werden.

Zentral für den Aufbau von Vertrauen sowohl in der Überwachungs- als auch in der Prüfungskonstellation ist die Einsicht, dass der Aufbau von vertrauensvollen Beziehungen vom Aufsichtsrat bzw. von der Internen Revision ausgehen muss. Sowohl Aufsichtsrat als auch Interne Revision sind nämlich im Regelfall angesichts der bestehenden Informationsasymmetrien – ungeachtet ihrer formellen Stellung – für ihre wirksame Aufgabenerfüllung in weit größerem Maße auf die Kooperationsbereitschaft des Leitungsorgans bzw. der Fachbereiche angewiesen, als dies umgekehrt der Fall ist.

## 5.3 Relevante Frageformen für Aufsichtsräte und Interne Revisoren

Auf welche Weise können nun der Aufsichtsrat bzw. die Interne Revision ganz konkret den Aufbau von vertrauensvollen Beziehungen fördern? Hierfür ist die Fähigkeit, die „richtigen" Fragen zu stellen, von zentraler Bedeutung.

Für die Darstellung der verschiedenen Ingredienzien einer Kunst des „richtigen" Fragens bietet sich zunächst die Unterscheidung zwischen den Funktionen der Überwachung bzw. Prüfung und der Beratung an. Der Aufsichtsrat ist typischerweise im Rahmen der Governance-Organisation eines Unternehmens für beide Funktionen zuständig. Auch die Interne Revision erbringt nach ihrem beruflichen Selbstverständnis sowohl Prüfungs- als auch Beratungsleistungen.

Während die Beratungstätigkeit von Aufsichtsrat und Interner Revision schon angesichts der bestehenden Informationsasymmetrien in jedem Fall das Stellen offener Fragen erfordert, sind geschlossene, d. h. mit „Ja" oder „Nein" zu beantwortende Fragen, ein wichtiges Element jeder Überwachungs- und Prüfungstätigkeit, wobei es wichtig ist, offene Fragen und geschlossene Fragen in geeigneter Weise zu kombinieren. Die grundlegende Unterscheidung zwischen offenen und geschlossenen Fragen soll am Beispiel der Überwachung bzw. Prüfung des Internen Kontrollsystems illustriert werden:

> **Fragen des Aufsichtsrats an den Vorstand:**
> (1) „Der Jahresabschlussprüfer hat in seinem Bericht einige kritische Anmerkungen zur Ausgestaltung des Internen Kontrollsystems gemacht. Besteht im Unternehmen eine klare Verantwortlichkeit für die verbindliche Vorgabe von unternehmensweit geltenden Regeln für die Ausgestaltung und die Überwachung des Internen Kontrollsystems?" **(geschlossene Frage)**
> (2) „Wie ist Ihre Einschätzung hinsichtlich der derzeitigen Angemessenheit und Wirksamkeit des Internen Kontrollsystems? Welche Maßnahmen zur Optimierung und Weiterentwicklung des Internen Kontrollsystems könnten nach Ihrer Einschätzung kurz- und mittelfristig sinnvoll sein?" **(offene Fragen)**

> **Fragen der Internen Revision an den** für die verbindliche Vorgabe von unternehmensweit geltenden Regeln für die Ausgestaltung des Internen Kontrollsystems **zuständigen Fachbereich:**
> (1) „Gegenstand unseres aktuellen Revisionsauftrags ist die Prüfung der Wirksamkeit des Internen Kontrollsystems. Existiert eine interne Richtlinie mit verbindlichen Vorgaben für die unternehmensweite Ausgestaltung des Internen Kontrollsystems?" **(geschlossene Frage)**
> (2) „Wie schätzen Sie den derzeitigen Umsetzungsstand der bestehenden Vorgaben zum Internen Kontrollsystem in Ihrem Bereich sowie im Unternehmen insgesamt ein?" **(offene Frage)**

Die eigentliche Kunst des „richtigen" Fragens besteht darin, in einer für die jeweilige Situation stimmigen Weise die verschiedenen Formen offenen Fragens zu nutzen. Eine hierzu hilfreiche Orientierung für die Praxis stammt von Edgar H. Schein, einem der weltweit führenden Experten für das Themenfeld Organisations- bzw. Unternehmenskultur.[79]

Schein unterscheidet in seinem Buch „Humble Inquiry"[80] die folgenden **vier Formen** offener Fragen:
* Wertschätzende Fragen („Humble Inquiry"),[81]
* Diagnostische Fragen,
* Konfrontative Fragen,
* Prozessorientierte Fragen.

*a) Wertschätzende Fragen („Humble Inquiry")*

Wertschätzende Fragen zielen ab auf den Aufbau einer vertrauensvollen Beziehung zwischen den Gesprächspartnern als Voraussetzung für eine offene, aufgabenbezogene Kommunikation. Grundlage für wertschätzendes Fragen ist die Einsicht des Fragenden, dass er sich im Hinblick auf die Erfüllung seiner Aufgaben in einer Position der Abhängigkeit von seinem Gesprächspartner befindet (dieses gilt infolge der bestehenden Informationsasymmetrien für das Verhältnis von Aufsichtsrat zu Vorstand ebenso wie für das Verhältnis von Interner Revision zum geprüften Fachbereich). Wichtig ist jedoch auch eine authentische Haltung von Akzeptanz, Interesse und Neugier gegenüber dem Gesprächspartner. Wertschätzendes Fragen verzichtet darauf, die Antwort des Befragten hinsichtlich Inhalt und Form zu beeinflussen. Der Erfolg des wertschätzenden Fragens hängt maßgeblich von der Bereitschaft und Fähigkeit des

---

79 Vgl. Schein, E.H.: Organisationskultur, 3. Aufl., Bergisch-Gladbach 2010.
80 Vgl. Schein, E.H.: Humble Inquiry. Vorurteilslos Fragen als Methode effektiver Kommunikation, Bergisch-Gladbach 2016.
81 Im Unterschied zu dem in der deutschen Übersetzung für „Humble Inquiry" gewählten Begriff „vorurteilsloses Fragen" wird im Folgenden der Begriff „wertschätzendes Fragen" verwendet.

Fragenden ab, seinem Gesprächspartner bei der Beantwortung der gestellten Frage auch wirklich (aktiv) zuzuhören.[82]

> **Beispiele für wertschätzende Fragen:**
> (1) „Wie läuft's?"
> (2) „Können Sie mir ein Beispiel hierfür nennen?"

*b) Diagnostische Fragen*

Diagnostische Fragen zielen darauf ab, den mentalen Prozess des Gesprächspartners durch Lenkung seines Interesses zu beeinflussen. Abhängig vom diagnostischen Fokus des Fragenden kann zwischen einer Fokussierung auf Gefühle und Reaktionen, auf Ursachen und Motive, auf Handeln (handlungsorientierte Fragen) sowie auf das Gesamtsystem (systemische Fragen) unterschieden werden. Diagnostisches Fragen ist nur insoweit angemessen als es zur Erledigung der vorgegebenen Aufgabe (Überwachung bzw. Prüfung) erforderlich ist und von einer vertrauensvollen Beziehung getragen wird.

> **Beispiele für diagnostische Fragen:**
> (1) „Was werden Sie als nächstes tun?" (handlungsorientierte Frage)
> (2) „Was denken Sie, wie werden die Mitarbeiter der Internen Revision reagieren, wenn Sie es so machen, wie Sie es gesagt haben?" (systemische Frage)

---

82 Zur Bedeutung des „Aktiven Zuhörens" vgl. Schulz von Thun, F.; Ruppel, J.; Stratmann, R.: Miteinander reden: Kommunikationspsychologie für Führungskräfte, 16. Aufl., Hamburg 2016, S. 70–81.

## c) Konfrontative Fragen

Konfrontative Fragen zwingen den Gesprächspartner dazu, sich mit der (zumindest hypothetischen) Meinung des Fragestellers auseinanderzusetzen. Das Ziel des konfrontativen Fragens besteht darin, dem Gesprächspartner zu eigener größerer Klarheit zu verhelfen, ohne ihn dabei zu belehren. Auch bei dieser Frageform kann unterschieden werden hinsichtlich der Fokussierung auf Gefühle und Reaktionen, auf Ursachen und Motive, auf Handeln sowie auf das Gesamtsystem.

> **Beispiele für konfrontative Fragen:**
> (1) „Haben Sie darüber nachgedacht, den Revisionsleiter von seinen Aufgaben freizustellen?" (handlungsorientierte Frage)
> (2) „Wie werden die Mitarbeiter reagieren, wenn Sie die Interne Revision in der Betriebsversammlung kritisieren?" (systemische Frage)

## d) Prozessorientierte Fragen

Prozessorientierte Fragen dienen dazu, den Fokus eines Gespräches auf die Interaktion als solche und damit auch auf die Qualität der zugrundeliegenden Beziehung zwischen den Gesprächspartnern zu lenken. Diese Frageform eröffnet damit für die Gesprächspartner die Möglichkeit, aus schwierigen bzw. unangenehmen Gesprächen in gesichtswahrender Form auszusteigen, indem sie noch einmal von neuem beginnen und ihre Ziele und Erwartungen an das Gespräch erneut abstimmen. Schein unterscheidet zwischen wertschätzend-prozessorientierten, diagnostisch-prozessorientierten sowie konfrontativ-prozessorientierten Fragen.

> **Beispiele für prozessorientierte Fragen:**
> (1) „Sind wir zu weit gegangen?" (wertschätzend-prozessorientierte Frage)
> (2) „Was sollte ich Sie jetzt fragen?" (diagnostisch-prozessorientierte Frage)
> (3) „Hat Sie meine Frage verletzt? Habe ich Sie verletzt?" (konfrontativ-prozessorientierte Fragen)

In der einschlägigen Literatur finden sich unter den Stichworten „systemische Fragen" bzw. „systemische Gesprächsführung" eine Vielzahl von interessanten Frageformen (wie z. B. Klassifikationsfragen, Prozessfragen, zirkuläre Fragen), die darauf zielen, dem Befragten Impulse zur Entwicklung von für ihn neue Einsichten bzw. Perspektiven zu vermitteln. Vor diesem Hintergrund kann die Kenntnis dieser Frageformen sowie ihr situationsadäquater Einsatz für die Beratungstätigkeit der Aufsichtsräte und der Interne Revisoren von großem Wert sein.[83]

---

83 Vgl. Schlippe, A. v.; Schweitzer, J.: Systemische Interventionen, 3. Aufl., Göttingen 2017, S. 40–61.

# 6. Führungsaufgaben in der Internen Revision – relevante Fragestellungen

> *„Mit der Etablierung ganz bestimmter Kommunikationsroutinen und mit der Schaffung entsprechender sozialer Räume wirkt Führung unmittelbar darauf ein wie Meinungsbildungs- und Abstimmungsprozesse ermöglicht bzw. verhindert werden (...). Das Entwickeln und Nutzen komplexitätsadäquater Kommunikationsroutinen und der dafür passenden Medien ist deshalb die Basis wirksamer Führung."*[84]

In der Unternehmenspraxis kommt es seit einigen Jahren zunehmend zu direkten persönlichen Kontakten zwischen dem Aufsichtsrat bzw. dem Prüfungsausschuss des Aufsichtsrats und dem Leiter der Internen Revision.[85] Entsprechende Zugangsrechte auf den Revisionsleiter werden zumindest für die Mitglieder des Prüfungsausschusses inzwischen auch von Teilen der Rechtswissenschaft

---

84 Vgl. Wimmer, R.: Führung und Organisation – zwei Seiten einer Medaille, in: Revue für postheroisches Management, Heft 4 (2009), S. 29.
85 Vgl. Schipporeit, E.: Anforderungen an die Qualität der Internen Revision aus Sicht des Prüfungsausschusses, in: Audit Committee Institut e. V. (Hrsg.): Audit Committee Quarterly. Qualität der Internen Revision, Berlin 2016, S. 5.

gefordert.[86] Den Ausgangspunkt für diese Entwicklung bildete das Bilanzrechtsmodernisierungsgesetz (BilMoG) aus dem Jahr 2009, welches in § 107 Abs. 3 S. 2 AktG dem Aufsichtsrat bzw. dem Prüfungsausschuss des Aufsichtsrats explizit die Verantwortung für die Überwachung der Wirksamkeit der Internen Revision zugewiesen hat. Im Bankenbereich ist der persönliche Vortrag des Revisionsleiters im Aufsichtsrat bzw. im Prüfungsausschuss – zusätzlich gefördert durch die im Rahmen der Umsetzung europäischen Rechts im Jahr 2014 in § 25 c Abs. 4a Nr. 3 g KWG verbindlich festgeschriebene, mindestens vierteljährliche Berichtspflicht der Internen Revision an den Aufsichtsrat – inzwischen eine verbreitete Praxis.

Maßgeblich für die nachhaltige Wirksamkeit einer Internen Revision ist die Art und Weise, wie die revisionsspezifischen Führungsaufgaben wahrgenommen werden. Der Aufsichtsrat kann sich hiervon durch entsprechende Fragen an den Revisionsleiter ein eigenes Bild machen. Voraussetzung hierfür ist jedoch ein angemessenes Grundverständnis des Aufsichtsrats hinsichtlich der spezifischen Führungsaufgaben in der Internen Revision.

Im Folgenden werden die spezifischen Führungsaufgaben in einer Internen Revision aus der Perspektive eines systemischen Führungsverständnisses herausgearbeitet. Auf diese Weise kann gleichsam ein Blick „hinter die Kulissen" getan, d. h. ein Einblick in die innere Funktionslogik der Internen Revision und damit ein vertieftes Verständnis für die erforderlichen Führungsqualitäten eines Revisionsleiters gewonnen werden.

Auf dieser Grundlage werden **20 Fragen des Aufsichtsrats an den Revisionsleiter** abgeleitet, mit denen der Aufsichtsrat die Weiterentwicklung der Internen Revision im Rahmen seiner Beratungsfunktion unterstützen kann.

---

86 Vgl. Habersack, M.: in: Goette, W.; Habersack, M. (Hrsg.): Münchener Kommentar zum Aktiengesetz, 4. Aufl., München 2014, zu § 111 Rdnr. 68; Roth, M.: Information und Organisation des Aufsichtsrats, in: ZGR Nr. 2–3/2012, S. 380.

## 6.1 Grundlagen eines systemischen Führungsverständnisses

Eine anerkannte spezielle Führungslehre für die Interne Revision hat sich bislang noch nicht entwickelt. Die folgenden Ausführungen orientieren sich an den Einsichten eines systemisch orientierten Führungsverständnisses. Das systemische Führungsverständnis geht davon aus, dass Führung jene spezifische Kompetenz einer Organisation ist („Organizational Capacity"), welche die Organisation in die Lage versetzt, mit den für ihre nachhaltige Überlebensfähigkeit bzw. Zukunftsfähigkeit zentralen Handlungsfeldern in sachgerechter Weise umzugehen.[87]

Damit unterscheidet sich ein systemisches Führungsverständnis grundlegend von der klassischen (heroischen) Führungslehre, welche Führung unter Verweis auf besondere (oft charismatische) Führungsqualitäten vor allem auf der Ebene der Leitungsgremien eines Unternehmens verortet.[88]

Nach dem systemischen Führungsverständnis sind folgende grundlegende Handlungsfelder und Aufgaben von besonderer Bedeutung für jede Organisation, um den in ihr angelegten dysfunktionalen, d. h. ihre langfristige Funktionsfähigkeit beeinträchtigenden Tendenzen zu begegnen, die die Zukunftsfähigkeit einer Organisation gefährden könnten:

---

[87] Vgl. Wimmer, R.: Führung und Organisation – zwei Seiten einer Medaille, in: Revue für postheroisches Management, Heft 4 (2009), S. 24.
[88] Vgl. Wimmer, R.: Führung und Organisation – zwei Seiten einer Medaille, in: Revue für postheroisches Management, Heft 4 (2009), S. 21; March, J.G: Mundane Organizations and heroic Leaders, in: March, J. G.; Well, T. (eds.): On Leadership, Cambridge 2005, S. 113–121.

| Handlungsfeld | Aufgaben | Funktion von Führung: Störung der dysfunktionalen Tendenz der Organisation zur ... |
|---|---|---|
| „Zukunft" | Strategieentwicklung, Sinnstiftung, Identitätsentwicklung | ... Vergangenheitsorientierung. |
| „Ausrichtung auf die relevanten Umwelten" | Stakeholder-Management, Kundenorientierung | ... Binnenorientierung. |
| „Umgang mit knappen Ressourcen" | Ressourcenmanagement, Wertschöpfungsorientierung | ... Ressourcenverschwendung. |
| „Effektivität der Organisation" | Laufende Organisationsentwicklung, periodische Überprüfung der organisatorischen Verfasstheit, Stimulierung des organisationalen Lernens | ... Bürokratisierung. |
| „Integrität der Organisation" | Entwicklung einer starken Compliance-Kultur | ... Ausbildung von intransparenten bzw. korrupten Strukturen. |
| „Koppelung von Person und Organisation" | Periodischer Abgleich von Anforderungen und Kompetenzen, aktives Personalmanagement | ... Herausbildung von Kompetenzillusion. |
| „Schaffung von sachgerechten Möglichkeiten der Selbstbeobachtung" | Auseinandersetzung mit der eigenen Steuerungsfähigkeit, Identifikation und Umsetzung von relevanten Kennziffern und Diagnosetools, Entwicklung von allgemein akzeptierten „Selbstbeobachtungspunkten" | ... Herausbildung von Steuerungsillusion. |

*Tabelle 4: Handlungsfelder, Aufgaben und Funktion von Führung, Darstellung angelehnt an Wimmer[89] (mit eigenen Ergänzungen)*

---

89 Vgl. Wimmer, R.: Führung und Organisation – zwei Seiten einer Medaille, in: Revue für postheroisches Management, Heft 4 (2009), S. 31–32.

Den Führungskräften kommt auch im Rahmen eines systemischen Führungsverständnisses eine besondere Aufgabe zu. Ihr Verhalten wird von allen Mitarbeitern beobachtet, da sie sich hiervon Aufschlüsse über den aktuellen Zustand der Organisation erhoffen. Weil sie so sehr im Zentrum der organisationalen Aufmerksamkeit stehen, ist ihr tatsächliches Verhalten besonders kulturprägend.[90]

## 6.2 Führungsaufgaben in der Internen Revision aus einer systemischen Perspektive – 20 Fragen des Aufsichtsrats an den Revisionsleiter

Für die Interne Revision sind im Hinblick auf die o. a. zentralen Handlungsfelder (vgl. Tabelle 4) folgende konkrete, auf die Entwicklung einer angemessenen revisionsinternen Organisationskultur als Voraussetzung für eine starke Revisionskultur im Unternehmen zielende Führungsaufgaben[91] von besonderer Bedeutung:

*a) Handlungsfeld „Zukunft" (Entwicklung einer zukunftsorientierten revisionsinternen Organisationskultur)*

Zentrales Element der Strategieentwicklung der Internen Revision ist die risikoorientierte Prüfungsplanung. Die Interne Revision muss sicherstellen, dass der Zuschnitt der Prüfungsfelder des von ihr geprüften Unternehmens (Audit Universe) eine effektive Risikobewertung und eine effiziente Prüfung ermöglicht. Hierzu muss die Mehrjahresplanung jährlich im Lichte der jeweils aktuellen Unternehmensstrategie sowie der im Unternehmen eingetretenen bzw. anstehenden Veränderungen strukturell überprüft werden. Die ggf.

---

90 Vgl. Wimmer, R.: Führung und Organisation – zwei Seiten einer Medaille, in: Revue für postheroisches Management, Heft 4 (2009), S. 30.
91 Vgl. Webster, B.: 20 questions directors should ask about internal audit, 3rd edition, Canadian Institute of Chartered Accountants, Toronto 2016, S. 7–8.

angepassten Prüfungsfelder werden sodann unter Berücksichtigung von aktuellen Informationen einer risikoorientierten Bewertung unterzogen. Aus dieser Bewertung wird auf der Grundlage einer möglichst realistischen Einschätzung der für eine sachgerechte Prüfung benötigten Ressourcen in konsistenter und für Dritte nachvollziehbarer Weise eine Mehrjahresplanung sowie die Prüfungsplanung des nächsten Jahres abgeleitet.

Für die Effektivität dieses Prozesses kommt es entscheidend darauf an, dass die relevanten aktuellen Unternehmensinformationen zum erforderlichen Zeitpunkt zur Verfügung stehen und in sachgerechter Weise beim Zuschnitt und bei der Bewertung der Prüfungsfelder berücksichtigt werden.

Voraussetzung für eine effektive Risikobewertung ist eine **starke Risikokultur** in der Internen Revision. Diese gründet in einer von den Mitarbeitern der Internen Revision getragenen Überzeugung, dass der sinnstiftende Mehrwert eine Interne Revision sich gerade aus einer konsequent risikoorientierten Ausrichtung ihrer Prüfungsaktivitäten ergibt. Nur bei Bestehen einer solchen Risikokultur in der Internen Revision ist davon auszugehen, dass ein offener revisionsinterner Dialogprozess zur Risikobewertung etabliert werden kann. Auf diese Weise kann der systemimmanenten, schon aus dem Gesetz des geringsten Widerstandes[92] resultierenden Tendenz entgegengewirkt werden, dass die Risikobewertung der Prüfungsfelder von den jeweils zuständigen Führungskräften und Mitarbeitern der Internen Revision primär vergangenheitsorientiert, d. h. mit Blick auf das jeweils individuelle Interesse nach Sicherung von eigenen Präferenzen und „Besitzständen" durchgeführt wird. Die Etablierung eines revisionsinternen Prozesses, welcher eine transparente, konsistente und zukunftsorientierte Risikobewertung der Prüfungsfelder ermöglicht, stellt eine große fachliche und kommunikative Herausforderung für jeden Revisionsleiter dar.

---

92 Vgl. Fritz, R.: The Path of Least Resistance for Managers, San Francisco 1999.

**Fragen an den Revisionsleiter:**
(1) „Wie wird in der Internen Revision sichergestellt, dass trotz entgegenstehender individueller Präferenzen eine transparente und zukunftsorientierte, d. h. an der aktuellen Unternehmensstrategie und den relevanten Unternehmensrisiken orientierte revisionsinterne Risikobewertung aller Prüfungsfelder durchgeführt und daraus in konsistenter Weise eine Mehrjahres- und Jahresplanung abgeleitet wird?"
(2) „Inwieweit ist hierbei die revisionsintern bestehende Organisationskultur bzw. die im Unternehmen bestehende Revisionskultur[94] förderlich bzw. hinderlich?"

*b) Handlungsfeld „Ausrichtung auf die relevanten Umwelten" (Entwicklung einer an den Interessen der relevanten Stakeholder ausgerichteten revisionsinternen Organisationskultur)*

Eine Interne Revision unterscheidet sich aufgrund ihrer Aufgabenstellung als interne Prüfungsinstanz fundamental in ihrer Arbeitsweise von den operativen Bereichen bzw. den Stabseinheiten eines Unternehmens. Eine Folge dieser Unterschiedlichkeit ist das Bestehen einer systemimmanenten Tendenz zur Abgrenzung und zur Binnenorientierung. Eine solche Tendenz zur Binnenorientierung kann dadurch weiter verstärkt werden, dass die aus der Tätigkeit der Internen Revision unvermeidlich resultierenden Konflikte mit den geprüften Fachbereichen durch eine auf Konfliktvermeidung ausgerichtete revisionsinterne Organisationskultur kompensiert werden. Um diesen dysfunktionalen Tendenzen entgegenzuwirken, muss die Interne Revision proaktiv auf die für sie besonders relevanten unternehmensinternen Stakeholder zugehen, um diese für einen

---

93 Im Rahmen dieses Buches wird – im Unterschied zu Teilen der Fachliteratur – durchgängig zwischen der **Revisionskultur eines Unternehmens** und der **revisionsinternen Organisationskultur** unterschieden.

offenen Dialog zur bestehenden Wahrnehmung der Tätigkeit der Internen Revision sowie für Möglichkeiten zur Generierung von zusätzlichem Mehrwert durch Tätigkeiten der Internen Revision zu gewinnen. Die Initiative zu einem solchen Dialogprozess sollte im Regelfall von der Internen Revision ausgehen, denn für ihre Weiterentwicklung sind die Impulse der Stakeholder von zentraler Bedeutung, während umgekehrt die Interne Revision für die Stakeholder im Regelfall nur von untergeordneter Bedeutung bzw. sogar „lästig" ist. Typische Anlässe für Stakeholder-Dialoge sind die Identifikation bzw. Abstimmung von relevanten zukünftigen Prüfungsthemen im Rahmen der Jahresprüfungsplanung sowie Feedbackgespräche im Zusammenhang mit durchgeführten Prüfungen.

Für den Erfolg der Stakeholder-Dialoge ist entscheidend, dass die Interne Revision glaubhaft signalisiert, dass sie ernsthaft an einem offenen und (selbst-)kritischen Dialog interessiert ist, um die daraus resultierenden Impulse für die eigene Weiterentwicklung und die Generierung von Mehrwert für das Unternehmen zu nutzen. Der Internen Revision muss es daher gelingen, eine entsprechende dialogorientierte Haltung in ihrer revisionsinternen Organisationskultur zu verankern. Diese grundsätzliche Haltung sowie die Art und Weise des Umgangs mit den von den Stakeholdern erhaltenen Impulsen muss fortlaufend an die Stakeholder kommuniziert werden. Damit Stakeholder-Dialoge auf konsistente Weise durchgeführt werden können, sollte das Thema Stakeholder-Dialoge und die hierfür erforderliche offene und selbstkritische Haltung in das Leitbild[94] der Internen Revision aufgenommen und mit einem revisionsinternen Prozess operationalisiert werden. Die Entwicklung, Umsetzung und Weiterentwicklung eines revisionsinternen Prozesses für die Durchführung von Stakeholder-Dialogen ist eine wichtige Aufgabe für jeden Revisionsleiter.

---

[94] Zur Funktion eines Leitbilds für die Interne Revision vgl. Deutscher Sparkassen- und Giroverband (DSGV): Zukunft der Internen Revision, Berlin 2008, S. 11.

> **Fragen an den Revisionsleiter:**
> (3) „Wie wird sichergestellt, dass von der Internen Revision in proaktiver Weise Dialoge mit den maßgeblichen internen Stakeholdern geführt werden und die Erkenntnisse aus diesen Dialogen systematisch in die Weiterentwicklung der Internen Revision als Organisation sowie in die konkrete Prüfungstätigkeit einfließen?"
> (4) „Inwieweit ist die für einen fruchtbaren Dialog mit den Stakeholdern erforderliche offene und selbstkritische Haltung gegenwärtig in der revisionsinternen Organisationskultur verankert?"
> (5) „Können Sie Beispiele für konkrete Beobachtungen benennen, die Ihrer Einschätzung zugrunde liegen?"

*c) Handlungsfeld „Umgang mit knappen Ressourcen" (Entwicklung einer an effizienter Ressourcennutzung orientierten revisionsinternen Organisationskultur)*

Für die Interne Revision stellt der angemessene Umgang mit knappen Ressourcen ein besonderes Problem dar. Die Verpflichtung der Internen Revision zur Aufrechterhaltung ihrer Unabhängigkeit in Verbindung mit der Sicherstellung der Angemessenheit und Wirksamkeit verleiht der Internen Revision einen gewissen Sonderstatus innerhalb eines Unternehmens. Als Konsequenz aus diesem Sonderstatus wird in der Praxis regelmäßig die Erwartung bestehen, dass die Interne Revision hinsichtlich ihres Umgangs mit knappen Ressourcen von sich aus eine hohe Transparenz herstellt. Dieser Erwartung in angemessener Weise nachzukommen ist Voraussetzung für die unternehmensinterne Akzeptanz der Internen Revision, die ja für sich selbst in Anspruch nimmt, die Fachbereiche auch im Hinblick auf die Einhaltung des Grundsatzes der Wirtschaftlichkeit zu prüfen. Von externen Prüfern wird die Interne Revision im Hinblick auf ihren Umgang mit knappen Ressourcen im Regelfall nicht substanziell geprüft. Sowohl im Rahmen der Jahresabschlussprüfung als auch im Rahmen einer Angemessenheits- bzw. Wirksamkeitsprüfung des Internen Revisionssystems kommt diesem Thema keine zentrale Bedeutung zu. Aus Sicht der externen Prüfer gilt es tendenziell als positiv, wenn die Interne Revision über eher zu viele als zu wenige Ressourcen verfügt.

Erforderlich ist daher die Entwicklung eines Selbstverständnisses in der Internen Revision, welches einen angemessenen Umgang mit knappen Ressourcen als ein wichtiges Element der eigenen Professionalität versteht. Auf dieser Grundlage kann dann das Thema im Rahmen des revisionsinternen Qualitätsmanagements konstruktiv bearbeitet werden. So kann in Form eines Self-Assessments die sachgerechte Berücksichtigung dieses zentralen Aspektes einer Wirtschaftlichkeitsprüfung geradezu mustergültig eingeübt werden. Es ist die Aufgabe der Revisionsleitung, diesen Prozess anzustoßen und die sachgerechte Durchführung durch eine selbstkritische und transparente Haltung zum Umgang mit knappen Ressourcen zu unterstützen.

> **Fragen an den Revisionsleiter:**
> (6) „Inwieweit ist die gegenwärtige Ressourcenausstattung der Internen Revision angemessen?"
> (7) „Auf welche Weise erfolgt eine regelmäßige Evaluierung der Angemessenheit der Ressourcenausstattung in der Internen Revision?"

*d) Handlungsfeld „Effektivität der Organisation" (Entwicklung einer an effektiver und effizienter Prüfungsdurchführung orientierten revisionsinternen Organisationskultur)*

Um eine effektive und effiziente Prüfungsdurchführung in einem sich ständig verändernden Unternehmensumfeld sicherzustellen, sollte sich die Interne Revision hinsichtlich ihrer organisatorischen Aufstellung sowie hinsichtlich ihrer methodischen und technologischen Fähigkeiten regelmäßig selbst infrage stellen. Dieser Selbstreflexionsprozess kann nur vom Revisionsleiter angestoßen und in Gang gehalten werden. Förderlich für die Akzeptanz ist hierbei ein transparentes und dialogorientiertes Vorgehen. Besteht eine auf stetige Verbesserung des Mehrwerts der Internen Revision für das Unternehmen ausgerichtete Haltung in der Internen Revision, dann lassen sich auch die aufgrund von Veränderungen des Unternehmensumfeldes erforderlichen Anpassungen in der organisatorischen Aufstellung der Internen Revision durch partizipative Change-Prozesse bewirken. Diese Change-Prozesse bieten große Chancen, enthalten aber auch große Risiken für die Entwicklung der revisionsinternen Organisationskultur. Die Verantwortlichkeit für die Bereitstellung der relevanten Informationen sowie für eine sachgerechte Kommunikation liegt maßgeblich beim Revisionsleiter.

---

**Fragen an den Revisionsleiter:**
(8) „Inwieweit entsprechen die aktuelle Organisation und die methodischen und technologischen Fähigkeiten der Internen Revision noch den eigenen Anforderungen an eine möglichst effektive und effiziente Prüfungsdurchführung?"
(9) „Welche mittelfristig möglicherweise sinnvollen Veränderungen der organisatorischen Aufstellung bzw. Verbesserungen der methodischen und technologischen Fähigkeiten sind im revisionsinternen Verbesserungsprozess bereits andiskutiert worden?"

---

*e) Handlungsfeld „Integrität der Organisation" (Entwicklung einer an Integrität und Transparenz orientierten revisionsinternen Organisationskultur)*

Für eine Interne Revision ist es eine herausfordernde Aufgabe, einen angemessenen Umgang mit bestehenden systemimmanenten Interessenkonflikten und Dilemmata zu entwickeln. Problematische Interessenkonflikte können typischerweise dann entstehen, wenn Mitarbeiter der Internen Revision wiederholt die gleichen Themengebiete prüfen bzw. wenn Interne Revisoren Interesse an einem Wechsel in die von ihnen geprüften Fachbereiche entwickeln. Auf diese Weise kann es im Rahmen von Prüfungen zu einer sachwidrigen Rücksichtnahme auf in einer früheren Prüfung gemachte Feststellungen und Bewertungen bzw. auf die Befindlichkeiten der Führungskräfte und Mitarbeiter in den geprüften Bereichen kommen. Um diesen Risiken wirkungsvoll zu begegnen, muss zunächst eine Sensibilität für das Bestehen und die Notwendigkeit eines transparenten Umgangs mit Interessenkonflikten in der Internen Revision geschaffen werden. Hierfür bietet sich eine Aufnahme dieses Themas in das Leitbild der Internen Revision und in regelmäßig durchzuführende, spezifische **Compliance-Schulungen** für Mitarbeiter der Internen Revision an.

Es handelt sich hierbei um ein nicht gänzlich auflösbares Dilemma, da eine qualitativ hochwertige Prüfung eine möglichst umfassende Kenntnis des zu prüfenden Themas voraussetzt, dieses Wissen jedoch im Regelfall nur durch entsprechende Prüfungspraxis über längere Zeit entwickelt werden kann. Wichtig ist daher, dass eine Sensibilität für potenzielle Interessenkonflikte in der Internen Revision etabliert wird und diesem niemals gänzlich vermeidbaren Risiko durch transparente Prozesse, durch verpflichtende Einbindung der jeweils zuständigen Führungskräfte sowie durch angemessene Jobrotation begegnet wird. Dem Revisionsleiter obliegt es, durch einen vorbildlichen Umgang mit eigenen Interessenkonflikten, durch Vorgabe und Umsetzung einer konsistenten generellen Verfahrensweise sowie durch Förderung einer konstruktiven Fehlerkultur in der Internen Revision eine angemessene Bewusstheit (Awareness) für die Bedeutung der Unabhängigkeit und für den angemessenen Umgang mit dem Thema Interessenkonflikte in der Internen Revision zu schaffen.

**Fragen an den Revisionsleiter:**
(9) „Inwieweit bestehen in der Internen Revision verbindliche Vorgaben für den transparenten Umgang mit auftretenden (potenziellen) Interessenkonflikten?"
(10) „Welche (potenziellen) Interessenkonflikte sind im letzten Geschäftsjahr aufgetreten?"
(11) „Auf welche Weise sind diese (potenziellen) Interessenkonflikte bekannt geworden und wie wurde auf sie reagiert?"

*f) Handlungsfeld „Koppelung von Person und Organisation" (Entwicklung einer an fachlicher und persönlicher Kompetenz ausgerichteten revisionsinternen Organisationskultur)*

Ein großes Problem besteht für fast jede Interne Revision darin, thematisch anspruchsvolle Prüfungen mit der erforderlichen fachlichen Expertise durchzuführen. Es handelt sich um ein unauflösliches Dilemma, denn von Internen Revisoren kann im Regelfall nicht erwartet werden, dass sie in den zu prüfenden Themenfeldern in der Sache auf voller Augenhöhe mit den geprüften Bereichen argumentieren können. Erforderlich ist demgegenüber ein angemessenes fachliches Verständnis des Prüfungsthemas ergänzt um methodische Revisionsexpertise und gute Organisations- und Menschenkenntnis.

Die Interne Revision sollte über ein Instrumentarium verfügen, um zu entscheiden, ob sie für die Durchführung der unter Risikogesichtspunkten geplanten Prüfungen über eine ausreichende fachliche und methodische Expertise verfügt. Eine entsprechende Einschätzung muss sowohl im Rahmen der Jahresprüfungsplanung der Internen Revision als auch im Rahmen der Planung einer konkreten Prüfung erfolgen. Im Rahmen der Jahresprüfungsplanung kann eine negative Einschätzung zum Erfordernis der Einbindung von externer Expertise führen. Im Rahmen der konkreten Prüfungsplanung kann eine negative Einschätzung zum

Erfordernis der Verschiebung einer Prüfung bzw. ebenfalls zur Einbindung von externer Expertise führen. Im Nachgang zu einer durchgeführten Prüfung ist ebenfalls einzuschätzen und zu dokumentieren inwieweit einzelne Aspekte des Prüfungsgegenstandes aufgrund fehlender Expertise nicht angemessen geprüft werden konnten.

Ein transparenter Umgang mit diesem Thema setzt das Bestehen einer konstruktiven Fehlerkultur in der Internen Revision voraus. Es muss für die Mitarbeiter der Internen Revision erkennbar sein, dass der ernsthafte Wunsch besteht, sie durch Besuch von Schulungen und Fachseminaren, durch Gewährung von ausreichender Zeit zur Prüfungsvorbereitung sowie durch punktuelle Einbindung von externem Know-how (Co-Sourcing) zu einer möglichst selbständigen Durchführung auch von fachlich anspruchsvollen Prüfungen zu befähigen. Grundlegende Voraussetzung hierfür ist allerdings die Fähigkeit der Internen Revision, eine realistische Selbsteinschätzung zu entwickeln und das zur Durchführung der geplanten Prüfungen erforderliche, aber gegenwärtig in der Internen Revision nicht vorhandene Know-how nach bestem Wissen und Gewissen transparent zu machen. Ausgehend von dieser Transparenz ergeben sich dann Anforderungen an die Personalakquise von neuen Mitarbeitern, an die Personalentwicklung der vorhandenen Mitarbeiter sowie an die Auswahl und Einbindung von externen Spezialisten. Die Gesamtkoordination dieses Themenfeldes ist eine zentrale Aufgabe des Revisionsleiters.

**Fragen an den Revisionsleiter:**
(12) „Inwieweit können die im Rahmen der Jahres- bzw. der Mehrjahresplanung vorgesehenen Prüfungen nach aktuellem Stand mit in der Internen Revision vorhandenem Know-how durchgeführt werden?"

(13) „Inwieweit wird nach aktuellem Stand externes Know-how benötigt?"
(14) „Welche Ansätze bestehen, um perspektivisch das benötigte externe Know-how zu reduzieren und internes Know-how aufzubauen?"

*g) Handlungsfeld „Schaffung von sachgerechten Möglichkeiten der Selbstbeobachtung" (Entwicklung einer auf die Unterstützung des individuellen und des organisationalen Lernens ausgerichteten revisionsinternen Organisationskultur)*

Zur Steuerung einer Internen Revision sowie der Führungskräfte und Mitarbeiter der Internen Revision über messbare Kennzahlen finden sich in der Fachliteratur zahlreiche Ansätze. In der Praxis gestaltet sich eine solche Steuerung regelmäßig als schwierig. Als Kennzahlen diskutiert werden etwa Messungen des durch die Prüfungen der Internen Revision erzeugten Mehrwerts, der Anzahl der durchgeführten Prüfungen, der Einhaltung der vorgegebenen Prüfungszeiten, der verschiedenen sonstigen (formellen) Anforderungen an eine ordnungsgemäße Prüfungsdurchführung und der Zahl der tatsächlich für Prüfungen verwendeten Arbeitstage der Internen Revisoren.[95] Einfach zu messende Kennzahlen haben in der Regel nur geringe Steuerungsrelevanz. Kennzahlen mit hoher Steuerungsrelevanz sind regelmäßig nur schwer zu messen. Eine kennzahlenorientierte Steuerung erscheint mithin für eine Interne Revision als wenig ergiebig. Vielmehr empfiehlt es sich, im Rahmen eines revisionsinternen dialogorientierten Prozesses die bestehenden Prozesse und Verfahrensweisen der Internen Revision

---

95 Vgl. hierzu Langer, A.; Pedell, B.: Messung des Wertbeitrags der Internen Revision und dessen Integration in ein Performance Measurement-Konzept, in: Buderath, H. M.; Herzig, A.; Köhler, A. G.; Pedell, B. (Hrsg.): Wertbeitrag der Internen Revision. Messung, Steuerung und Kommunikation, Stuttgart 2010, S. 45–105.

regelmäßig einem Review zu unterziehen und auf diese Weise relevante Handlungsfelder und erforderliche Maßnahmen für die kontinuierliche Verbesserung der Internen Revision zu identifizieren.[96] Zur Umsetzung der Maßnahmen sollten Termine und Verantwortlichkeiten festgelegt werden. Auf dieser Grundlage kann dann das Monitoring im Rahmen des revisionsinternen Qualitätsmanagements erfolgen.

Ein dialogorientierter kontinuierlicher Verbesserungsprozess ist zudem ein wirkungsvolles Instrument zur Weiterentwicklung der revisionsinternen Organisationskultur. Der Revisionsleitung kommt in diesem Zusammenhang insbesondere die Aufgabe zu, den erforderlichen Raum zur Identifikation von Ansätzen zur Weiterentwicklung der Internen Revision zur Verfügung zu stellen sowie dem Dialogprozess mittels des von ihr vorgegebenen „Tone from the Leadership" eine klare Ausrichtung und die erforderliche Dynamik zu geben.

> **Fragen an den Revisionsleiter:**
> (15) „Auf welche Weise werden in der Internen Revision jene Themenstellungen identifiziert, deren Bearbeitung die fachliche, kulturelle und methodische Weiterentwicklung der Internen Revision und die persönliche Weiterentwicklung der Mitarbeiter der Internen Revision besonders wirkungsvoll unterstützen?"
> (16) „Inwieweit werden die Mitarbeiter der Internen Revision in diese Aktivitäten eingebunden?"
> (17) „Inwieweit unterstützt das revisionsinterne Qualitätsmanagement gegenwärtig das individuelle und organisationale Lernen in der Internen Revision?"

---

96 Zum „Dialog" als ein spezifisches Arbeitsformat in Organisationen vgl. Isaacs, B.: Dialogue and the art of thinking together, New York 1999; Schein, E. H.: Prozessberatung für die Organisation der Zukunft, 3. Aufl., Bergisch-Gladbach 2010, S. 251–270.

Die Darstellung der zentralen Handlungsfelder für Führung in der Internen Revision hat deutlich gemacht, dass eine besonders wichtige Aufgabe von Führung in der Internen Revision darin besteht, durch die Etablierung von bestimmten Kommunikationsroutinen und durch die Gestaltung entsprechender sozialer Räume in der Internen Revision Meinungsbildungs- und Abstimmungsprozesse zu ermöglichen und in Gang zu setzen.[97] Auf diese Weise können das Commitment, die Fähigkeiten und Kenntnisse sowie die Kreativität der Mitarbeiter der Internen Revision für den revisionsspezifischen Produktionsprozess (Durchführung von qualitativ hochwertigen Prüfungen) und für die Weiterentwicklung der Prozesse der Internen Revision fruchtbar gemacht werden. Je besser dies gelingt, desto mehr wird zudem durch eine positive Selbstwahrnehmung und eine dadurch inspirierte positive Kommunikation der Revisoren die revisionsinterne Organisationskultur und die Revisionskultur im Unternehmen gestärkt. Dieses fördert dann wiederum die Motivation und Leistungsbereitschaft der Revisoren und macht eine Tätigkeit in der Internen Revision zu einer anstrengenden, zugleich aber auch spannenden Herausforderung.

Konfrontiert mit diesen Herausforderungen sind Revisionsleiter bzw. Führungskräfte in der Internen Revision dann am effektivsten, wenn sie sich durch ein klares Rollenverständnis und eine rollenadäquate Kommunikation berechenbar machen und auf diese Weise bei Mitarbeitern und Stakeholdern der Internen Revision Erwartungssicherheit schaffen. Es ist die Aufgabe des Revisionsleiters, die ihm unterstellten Führungskräfte bzw. die ihm direkt unterstellten Mitarbeiter bei der Entwicklung eines klaren Rollenverständnisses und eines konsistenten Kommunikationsverhaltens zu unterstützen und hierbei als Vorbild durch regelmäßige Reflexion seiner eigenen Rolle und seiner Kommunikation im Rahmen eines professionel-

---

97 Vgl. Wimmer, R.: Führung und Organisation – zwei Seiten einer Medaille, in: Revue für postheroisches Management, Heft 4 (2009), S. 29.

len Verständnisses von Selbstführung[98] (unterstützt z. B. durch ein professionelles Coaching) voranzugehen.

> **Fragen an den Revisionsleiter:**
> (18) „Wie können Sie Führungskräfte und Mitarbeiter der Internen Revision dabei unterstützen, durch ein klares Verständnis ihrer Rolle und durch eine angemessene Kommunikation die Weiterentwicklung der Revisionskultur im Unternehmen zu fördern?"
> (19) „Wie ist in diesem Zusammenhang Ihr Verständnis von Ihrer Rolle als Revisionsleiter?"
> (20) „Wie stellen Sie sicher, dass Sie die für eine angemessene Ausfüllung und Weiterentwicklung Ihrer Rolle als Revisionsleiter erforderliche professionelle Unterstützung erhalten?"

---

98 Zum Konzept der „Selbstführung" vgl. Seliger, R.: Positive Leadership. Die Revolution in der Führung, Stuttgart 2014, S. 115–132; Wimmer, R.: Führung und Organisation – zwei Seiten einer Medaille, in: Revue für postheroisches Management, Heft 4 (2009), S. 30.

# 7. Leitung der Internen Revision – Qualifikation und Auswahl

Die organisatorische und personelle Ausgestaltung der Internen Revision ist im Wesentlichen von den jeweils an sie gestellten konkreten Anforderungen abhängig. Dabei ist zu beachten, dass eine Revisionsfunktion nur dann als wirksam im Sinne des entsprechenden DIIR Revisionsstandards Nr. 3 bzw. des IDW Prüfungsstandards 983 bezeichnet werden kann, wenn sie über eine angemessene quantitative und qualitative Personalausstattung verfügt.[99]

Der für die Prüfung der Angemessenheit und Wirksamkeit eines Internen Revisionssystems grundlegende Kriterienkatalog des IDW Prüfungsstandards 983 bzw. des DIIR Revisionsstandards Nr. 3 enthält zur Führung der Internen Revision ein eigenes Betrachtungsfeld, welches 10 der insgesamt 82 Kriterien umfasst.[100] Diese Kriterien betreffen neben der fachlichen Qualifikation des Revisionsleiters seine Befähigung zur Einrichtung und zum Betrieb eines revisionsinternen Qualitätsmanagements[101] sowie zu einer umfassenden internen und externen Kommunikation.[102]

---

99 Vgl. Anlage 1 zu IDW Prüfungsstandard 983 sowie DIIR Revisionsstandard Nr. 3, Kriterium 12 des Kriterienkatalogs.
100 Vgl. Anlage 1 zu IDW Prüfungsstandard 983 sowie DIIR Revisionsstandard Nr. 3, Kriterien 73 bis 82 des Kriterienkatalogs.
101 Vgl. Albinus-Leupold, S.: Qualitätsmanagement im Revisionsprozess. Verbesserte Effektivität in der Internen Revision, Berlin 2012.
102 Vgl. Buderath, H. M.: Kommunikation des Wertbeitrags der Internen Revision, in: Buderath, H. M.; Herzig, A.; Köhler, A. G.; Pedell, B. (Hrsg.): Wertbeitrag der Internen Revision. Messung, Steuerung und Kommunikation, Stuttgart 2010, S. 149–173.

Dabei wird unter anderem auch gefordert, dass die Interne Revision – vertreten durch die Revisionsleitung – über eine hohe Akzeptanz bei der Geschäftsleitung verfügt. Dieses Kriterium erscheint insbesondere vor dem Hintergrund des Anspruchs, den die Unternehmensleitung und auch das Aufsichtsorgan an die Verlässlichkeit der Revisionsfunktion stellen sollten, besonders wichtig. Nur eine Revisionsleitung, welche vertrauensvoll mit der Geschäftsleitung auf der Grundlage des Respekts für die Notwendigkeit der Unabhängigkeit der Internen Revision zusammenarbeitet, kann die hohen Anforderungen erfüllen, welche an sie und das gesamte Revisionsteam gestellt werden.

Der Revisionsleiter steht in ständigem Kontakt mit der Unternehmensleitung sowie mit dem Management der Obergesellschaft bzw. der Mehrheitsbeteiligungen. Darüber hinaus koordiniert er die Zusammenarbeit mit den externen Prüfern. Eine weitere bedeutende Aufgabe kommt dem Revisionsleiter im Bereich der Fort- und Weiterbildung sowie der beruflichen Förderung der Mitarbeiter zu.[103]

Aufgrund der hohen Anforderungen, welche an einen qualifizierten Revisionsleiter zu stellen sind, ist es empfehlenswert, den Auswahlprozess sorgfältig vorzubereiten. Dabei ist auch der Hintergrund der Stellenbesetzung zu reflektieren. Wird ein Revisionsleiter gesucht, um eine Interne Revision neu aufzubauen, so sind an dessen Persönlichkeitsstruktur ggf. andere Anforderungen zu stellen als an einen Nachfolger für eine bereits bestehende und im Unternehmen etablierte Revisionsfunktion. Im letzteren Falle ist sorgfältig abzuwägen, ob der neue Revisionsleiter auch vom Revisionsteam akzeptiert wird.

---

103 Vgl. Füss, R.: Die Interne Revision – Bestandsaufnahme und Entwicklungsperspektiven, in: Deutsches Institut für Interne Revision (Hrsg.): IIR-Forum Band 5, Berlin 2005, S. 305.

*Leitung der Internen Revision – Qualifikation und Auswahl*

Hinsichtlich der fachlichen Qualitäten eines Revisionsleiters spielen insbesondere die folgenden Kriterien eine Rolle, deren Vorhandensein im jeweiligen Einzelfall zu hinterfragen ist:
- Generalist vs. Spezialist;[104]
- Nachweislich gesammelte Erfahrungen in den für das Unternehmen relevanten Bereichen;
- Einschlägige Qualifizierung, d. h. Nachweis von Berufsexamina wie z. B. Wirtschaftsprüfer, CIA (Certified Internal Auditor) und/oder CISA (Certified Information Systems Auditor);
- Kenntnisse im Qualitätsmanagement von Internen Revisionssystemen, z. B. in Form der Qualifikation als Prüfer für Interne Revisionssysteme[DIIR];
- Branchenkompetenz;
- Regulatorische Kenntnisse;
- Sprachenkompetenz;
- Führungsexpertise.

Insbesondere bei kleineren Internen Revisionen ist zu berücksichtigen, ob und inwieweit der Revisionsleiter selbst Prüfungen durchführen soll. Die Bedeutung der revisionsmethodischen Expertise tritt bei größeren Internen Revisionen gegenüber der Führungsexpertise zurück.

Bei der Stellenbesetzung muss in besonderem Maße sichergestellt werden, dass der Revisionsleiter neben den fachlichen Fähigkeiten über die zur Aufgabendurchführung erforderliche Integrität und Belastbarkeit sowie über die zur bestehenden Unternehmenskultur passenden Wertvorstellungen verfügt.

---

104 Tendenziell sollte der Revisionsleiter eher Generalist sein, der zumindest über Spezialkenntnisse in den für das Unternehmen relevanten Teilbereichen verfügt (z. B. IT, Finanzdienstleistungen, Handel, Produktion etc.). Im Einzelfall kann jedoch auch die Einstellung eines Spezialisten notwendig werden (z. B. bei stark regulierten Organisationen).

Neben der Erstellung eines Soll-Profils kann die Nutzung von Personaldiagnostik bzw. psychometrischen Verfahren sinnvoll sein, um die Eignung eines potentiellen Kandidaten hinsichtlich seiner Persönlichkeitsstruktur festzustellen.[105] Die nachfolgenden Merkmale zeigen beispielhaft auf, welche Anforderungen an die Persönlichkeit sowie an das (sozialrelevante) Verhalten eines für die Revisionsleitung besonders geeigneten Bewerbers zu stellen sind:

- Analytische Fähigkeiten – schnelle Einarbeitung in komplexe Systeme und Strukturen;
- Stabiles Wertesystem und die Fähigkeit zu konsistentem Entscheiden und Handeln;
- Integrität und Aufrichtigkeit;
- Gute Argumentations- und Kommunikationsfähigkeit;
- Motivations- und Begeisterungsfähigkeit;
- Sorgfalt und Gewissenhaftigkeit;
- Verantwortungsbewusstsein;
- Durchsetzungskraft;
- Gute Menschenkenntnis;
- Sensibilität für den Umgang mit unternehmenskulturellen Aspekten;
- Innere Ausgeglichenheit;
- Fähigkeit zum konsistenten und konsequenten Handeln, auch gegen Widerstände;
- Eine von Unabhängigkeit geprägte und auf Objektivität ausgerichtete Haltung.

Die o. a. Aufzählung der für die Wahrnehmung der Rolle eines Revisionsleiters notwendigen Persönlichkeitsmerkmale macht deutlich, dass ein guter Revisionsleiter Führungs- und Steuerungskompetenzen in stimmiger Weise in seiner Person verbinden sollte.

---

105 Vgl. Eichler, H.; Vogel, U.; Krautner, P.: Psychometrische Verfahren zur Prüfung der Compliance-Kultur; in: ZRFC 1/2013, S. 17–23.

Im Einstellungsprozess kommen unterschiedliche Verfahren zum Einsatz, um sicherzustellen, dass Fehlbesetzungen möglichst vermieden werden. Hierzu können gehören: Lückenlose Analyse des Lebenslaufes, Einholung eines polizeilichen Führungszeugnisses, Hinzuziehung branchenerfahrener Personalberater, Originalbewerbungsunterlagen, Abfrage von Referenzen bis hin zur Einschaltung von Auskunfteien. Darüber hinaus sind zwischenzeitlich sogenannte „background-checks" mittels einer Internet-Recherche (teilweise sogar in sozialen Netzwerken) üblich geworden, um Details über Bewerber in Erfahrung zu bringen.

Demgegenüber stehen Persönlichkeitseigenschaften häufig nicht im Fokus, obwohl das Wissen um den Zusammenhang zwischen Persönlichkeitsstruktur und ihren Ausprägungen im berufsrelevanten Verhalten zu den fundamentalen Erkenntnissen der Eignungsdiagnostik gehört. Es gibt wissenschaftlich fundierte Verfahren in der Eignungsdiagnostik, um das Verhalten von Personen zu erfassen, in den beruflichen Kontext zu setzen und – wenn möglich – Prognosen für zukünftiges Verhalten abzugeben.

Grundsätzlich sind zwei Verfahrensarten zu unterscheiden. Sogenannte Typisierungsverfahren versuchen, die Komplexität der menschlichen Charaktereigenschaften zu reduzieren, um daraus verschiedene Menschentypen abzuleiten. Sie kommen unter anderem im Bereich des Kommunikationstrainings (z. B. in Teambildungsprozessen) zum Einsatz. Individuelle psychometrische Verfahren hingegen beschäftigen sich mit der Einzigartigkeit einer Person, also ihren ganz individuellen Fähigkeiten und Potentialen. Ihr bevorzugtes Einsatzfeld liegt vor allem in der Personalauswahl sowie in der individualisierten Personalentwicklung.

Aufgrund der besonderen Anforderungen an das Profil eines geeigneten Revisionsleiters ist es empfehlenswert, die Expertise von mit dem Berufsbild des Internen Revisors vertrauten Spezialisten hinzuzuziehen. Dies kann beispielsweise ein externer Berater sein, welcher regelmäßig für Revisionsaufträge hinzugezogen wird und die Geschäfts- sowie Revisionsprozesse des Unternehmens bereits gut kennt.

Angesichts der Bedeutung des Revisionsleiters für die Wirksamkeit des Internen Revisionssystems ist aus unserer Sicht darüber hinaus anzuraten, dass sich auch der Aufsichtsrat mit dem Einstellungsprozess befasst sowie ggf. sogar z. B. in persona des Aufsichtsratsvorsitzenden bei der Auswahl eines geeigneten Kandidaten mitwirkt.

# 8. Prüfung der Angemessenheit und Wirksamkeit des Internen Revisionssystems

## 8.1 Grundlagen

Zur Feststellung, ob ein Internes Revisionssystem (IRS) im Einklang mit den verpflichtenden Standards der „Internationalen Grundlagen für die berufliche Praxis der Internen Revision" (International Professional Practices Framework – IPPF) des IIA konzeptioniert sowie angemessen und/oder wirksam ist, kann eine externe Prüfung in Auftrag gegeben werden. Grundlage hierfür sind die inhaltlich nahezu deckungsgleichen IDW Prüfungsstandard 983 bzw. DIIR Revisionsstandard Nr. 3.

Die Prüfung der Wirksamkeit des IRS durch einen unabhängigen Wirtschaftsprüfer oder einen unabhängigen und objektiven Prüfer für Interne Revisionssysteme$^{DIIR}$ kann dem objektivierten Nachweis der ermessensfehlerfreien Ausübung der Organisations- und Sorgfaltspflichten des Vorstands und des Aufsichtsrats dienen.[106] Dabei handelt es sich im Unterschied zur Jahresabschlussprüfung um eine freiwillige Prüfung, die – unabhängig von den jeweiligen Überwachungspflichten des Aufsichtsrats – zumindest alle fünf Jahre durchgeführt werden muss, wenn vom Unternehmen nach außen hin (z. B. im Geschäftsbericht) die Aussage getroffen

---

[106] Vgl. IDW Prüfungsstandard 983 sowie DIIR Revisionsstandard Nr. 3, Tz 9.

wird, dass die Interne Revision im Einklang mit den international anerkannten Standards für die berufliche Praxis der Internen Revision implementiert wurde.[107]

Bei der Prüfungsdurchführung sowie der Bewertung der Prüfungsergebnisse orientiert sich der IRS-Prüfer an den einschlägigen Standards, welche von der Auftragsannahme bis zur Berichterstattung umfassend Orientierung geben. Prüfungsgegenstand ist einerseits die vom Unternehmen vorzulegende IRS-Beschreibung, welche hinsichtlich inhaltlicher Ausgestaltung und Aktualität zu beurteilen ist. Dabei ist vom Prüfer insbesondere darauf zu achten, dass die Konzeption des IRS den verbindlichen Elementen der IPPF entspricht und dies auch klar und schlüssig – ohne Beschönigung – in der IRS-Beschreibung dargestellt wird. Darüber hinaus führt der IRS-Prüfer – je nach Auftragsgegenstand – eine Angemessenheits- oder Wirksamkeitsprüfung des Internen Revisionssystems durch.

Im Rahmen der Angemessenheitsprüfung hat der IRS-Prüfer durch eine Kombination von Befragungen mit anderen Prüfungshandlungen – einschließlich Beobachtung sowie Einsichtnahme in Aufzeichnungen und Dokumente – festzustellen, ob das IRS, wie in der IRS-Beschreibung dargestellt, geeignet ist, mit hinreichender Sicherheit die Einrichtung einer Internen Revisionsfunktion sowie die unabhängige und objektive Erbringung von Prüfungs- und Beratungsleistungen zu gewährleisten und zu einem bestimmten Zeitpunkt eingerichtet (implementiert) ist.

Im Rahmen einer Wirksamkeitsprüfung, die immer auch eine Prüfung der Angemessenheit des IRS umfasst, hat der IRS-Prüfer zu beurteilen, ob die in der IRS-Beschreibung dargestellten Regelungen darüber hinaus innerhalb des gesamten zu prüfenden Zeitraums wie vorgesehen eingehalten wurden. Die Beurteilung

---

107 Vgl. IIA/DIIR: Internationale Standards für die berufliche Praxis der Internen Revision, Frankfurt a. M. 2017, S. 33 (IIA-Standard 1312).

der Kontinuität der Beachtung der in der IRS-Beschreibung dargestellten Regelungen erfordert es, dass die Prüfung der Wirksamkeit einen angemessenen (geprüften) Zeitraum abdeckt, der in der Regel mindestens ein volles Geschäftsjahr umfassen sollte.[108]

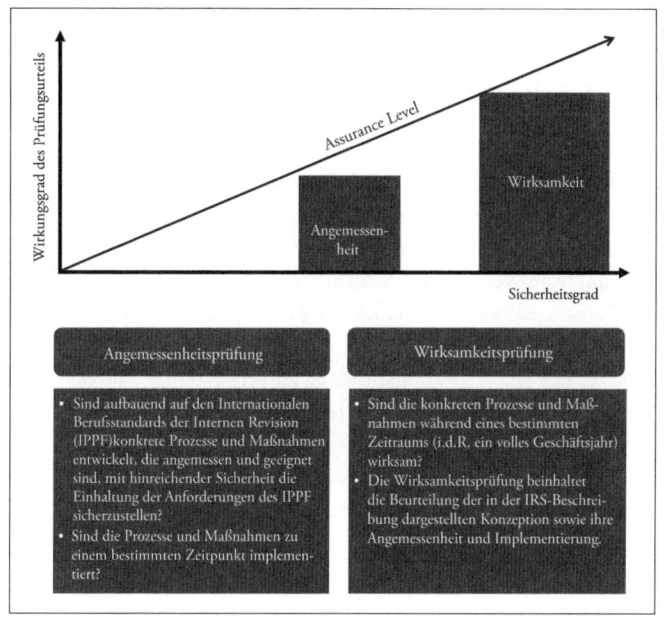

*Abb. 5: Assurance Level von Angemessenheits- und Wirksamkeitsprüfung nach IDW Prüfungsstandard 983 bzw. DIIR Revisionsstandard Nr. 3*

---

108 Vgl. IDW Prüfungsstandard 983 sowie DIIR Revisionsstandard Nr. 3, Tz 63–68.

Nur eine sachgerecht durchgeführte Wirksamkeitsprüfung führt zu einer verlässlichen Aussage über die Qualität des IRS und kann damit dem Aufsichtsrat zur Untermauerung seiner pflichtgemäßen Einschätzung des IRS dienen (vgl. Abb. 5).

## 8.2 Beauftragung einer Wirksamkeitsprüfung – Möglichkeiten zur Einbindung des Aufsichtsrats

Bei IRS-Prüfungen handelt es sich um betriebswirtschaftliche Prüfungen außerhalb der Jahresabschlussprüfung, welche typischerweise von der Geschäftsleitung (d. h. vom Vorstand bzw. von der Geschäftsführung) in Auftrag gegeben werden. Wenngleich insbesondere im regulierten Sektor meist der Jahresabschlussprüfer auch eine (gesonderte) Einschätzung zur Wirksamkeit der Internen Revision trifft (z. B. um in der Lage zu sein, deren Ergebnisse für Zwecke der Jahresabschlussprüfung zu verwerten),[109] so geht eine Systemprüfung nach den einschlägigen Prüfungsstandards IDW Prüfungsstandard 983 und DIIR Revisionsstandard Nr. 3 nach Art und Umfang jedoch weit über eine „Wirksamkeitseinschätzung" im Sinne des IDW Prüfungsstandards 321 hinaus und führt zu einem eigenständigen Prüfungsurteil.[110]

Da der Aufsichtsrat aufgrund seiner Verpflichtung zur Überwachung der Wirksamkeit des IRS ein besonderes Interesse an einem unabhängigen und objektiven Prüfungsurteil zum IRS hat, sollte er sich in einem frühen Stadium zu den Rahmenbedingungen einer Auftragserteilung an einen externen Prüfer informieren und ggf. – im Rahmen seiner Möglichkeiten – auf diese Einfluss nehmen bzw. sie zumindest hinterfragen. Dies auch vor dem Hintergrund, dass er

---

109 Vgl. Institut der Wirtschaftsprüfer: Prüfungsstandard 321: Interne Revision und Abschlussprüfung, Düsseldorf 2010 (Stand 09.09.2010).
110 Vgl. IDW Prüfungsstandard 983 sowie DIIR Revisionsstandard Nr. 3, Tz 14.

die Prüfungsergebnisse (insbes. den Prüfungsbericht) des externen Prüfers kritisch würdigen sollte und damit auch als Adressat des Prüfungsberichts in Frage kommt.

Bei der Beurteilung, ob der Wirtschaftsprüfer bei Unternehmen von öffentlichem Interesse[111] (sog. Public Interest Entities – PIE) neben der Abschlussprüfung auch eine Prüfung des Internen Revisionssystems durchführen darf, sind Artikel 5 Abs. 1 Satz 2 Buchstabe h EU-Abschlussprüferverordnung (EU-VO) sowie Punkt 3.10 des IDW Positionspapiers zu Nichtprüfungsleistungen des Abschlussprüfers (in der jeweils aktuellen Fassung) zu beachten.[112] Demnach dürfte in den überwiegenden Fällen nach der herrschenden Meinung eine Prüfungsdurchführung durch den Abschlussprüfer des Unternehmens unzulässig sein. Um die Unabhängigkeit des Abschlussprüfers bei PIE sicherzustellen, deren Überwachung ebenfalls dem Aufsichtsrat obliegt (vgl. § 107 Abs. 3 S. 2 AktG), ist vom Aufsichtsrat darauf zu achten, dass entweder der Abschlussprüfer des Unternehmens die Prüfung des Internen Revisionssystems als unmittelbaren Bestandteil seiner Abschlussprüfung umsetzt oder – alternativ – eine solche Prüfung durch einen vom Unternehmen ansonsten unabhängigen Wirtschaftsprüfer oder Prüfer für Interne Revisionssysteme$^{DIIR}$ durchgeführt wird.[113]

Eine mögliche Hinzuziehung des Aufsichtsrats zum Auftragsverhältnis mit dem IRS-Prüfer sollte in der Informationsordnung

---

111 Unternehmen von öffentlichem Interesse, wie z. B. börsennotierte Unternehmen, Banken und Versicherungen unterliegen besonders strengen Anforderungen an ihre Corporate Governance. Unternehmen, deren Aktien an ausländischen Börsen gelistet sind haben darüber hinaus die in den jeweiligen Ländern geltenden Regularien zu beachten (z. B. SEC).
112 Vgl. Institut der Wirtschaftsprüfer: Prüfungsstandard 983. Grundsätze ordnungsmäßiger Prüfung von Internen Revisionssystemen, Düsseldorf 2017, Tz. 34.
113 Vgl. Institut der Wirtschaftsprüfer: „Fokus Familienunternehmen", Düsseldorf 2017, Tz 34 (aufrufbar unter: https://www.idw.de/idw/im-fokus/weitere-fokusthemen/familienunternehmen).

des Aufsichtsrats und in der Geschäftsordnung der Internen Revision eindeutig geregelt werden.[114]

## 8.3 Methodik einer Wirksamkeitsprüfung

Mit Veröffentlichung des IDW Prüfungsstandards 983 sowie des aktualisierten DIIR Revisionsstandards Nr. 3 im Jahr 2017 wurde die Durchführung von IRS-Prüfungen neu und umfassend geregelt. Bei der Durchführung von freiwilligen Prüfungen des IRS sind die Vorgaben dieser Standards durch die jeweiligen Berufsträger verpflichtend anzuwenden.

Eine Prüfung des IRS nach diesen Standards umfasst stets sämtliche verbindlichen Elemente der Internationalen Grundlagen für die berufliche Praxis der Internen Revision (IPPF), deren Anforderungen in beiden Standards in einem als Anlage beigefügten Kriterienkatalog (82 Qualitätskriterien) zusammengefasst sind. Darüber hinaus können mit dem Prüfer weitere Prüfungsinhalte vereinbart werden, wie z. B. die Einbeziehung der empfohlenen Elemente des IPPF oder von datenschutzrechtlichen Bestimmungen.[115]

Es besteht die Möglichkeit, einen externen Wirtschaftsprüfer zu beauftragen, welcher die Prüfung des IRS unter Zugrundelegung des IDW Prüfungsstandards 983 durchführen muss. Des Weiteren kann auch ein mit der besonderen Berufsqualifikation Prüfer für Interne Revisionssysteme$^{DIIR}$ ausgezeichneter Revisionsspezialist mit der Durchführung der Prüfung des IRS beauftragt werden. Dieser orientiert sich bei der Prüfungsdurchführung am DIIR Revisionsstandard Nr. 3. In beiden Fällen ist darauf zu achten, dass bei der Beauftragung kein Interessenkonflikt besteht und der beauftragte Prüfer vor dem Hintergrund seiner Berufspflichten – insbesondere

---

114 Vgl. Behringer, S.: Compliance für Aufsichtsräte, Berlin 2016, S. 122.
115 Vgl. IDW Prüfungsstandard 983 sowie DIIR Revisionsstandard Nr. 3, Tz 11.

den Grundsätzen der Unabhängigkeit und Objektivität – die Prüfung durchführen kann. So muss sichergestellt werden, dass der externe Prüfer – zumindest für den zu Grunde gelegten Zeitraum der Wirksamkeitsprüfung – nicht anderweitig für das Unternehmen mit Revisionsarbeiten befasst war, da ansonsten das Selbstprüfungsverbot greifen würde. Darüber hinaus ist darauf zu achten, dass im Falle der Prüfungsdurchführung durch einen Prüfer für Interne Revisionssysteme$^{DIIR}$ kein „Dreiecksgeschäft" dahingehend zu Stande kommt, dass beispielsweise freundschaftliche Beziehungen zwischen mehreren, in unterschiedlichen Unternehmen als Interne Revisoren tätigen Prüfern für Interne Revisionssysteme$^{DIIR}$ zu einer „Überkreuzverflechtung" führen.

Gemäß IIA-Standard 1312[116] kann eine externe Beurteilung auch in Form einer Selbstbeurteilung mit unabhängiger externer Validierung erfolgen. Solche Selbstbeurteilungen müssen laut IIA-Standard 1300[117] regelmäßig durch den Revisionsleiter im Rahmen seines Programms zur Qualitätssicherung und -verbesserung durchgeführt werden.

Bei seiner Prüfungsplanung kann der externe Prüfer die Ergebnisse einer Selbstbeurteilung unter Beachtung gewisser in den Prüfungsstandards vorgeschriebener Maßgaben berücksichtigen. Er wird in einem solchen Fall beurteilen, inwieweit er die Ergebnisse einer Selbstbeurteilung verwerten kann und welche eigenen Prüfungshandlungen er noch durchzuführen hat, um ein eigenverantwortliches Prüfungsurteil zum IRS abgeben zu können.[118]

---

[116] Vgl. IIA/DIIR: Internationale Standards für die berufliche Praxis der Internen Revision, Frankfurt a. M. 2017, S. 32 (IIA-Standard 1312 Externe Beurteilungen).
[117] Vgl. IIA/DIIR: Internationale Standards für die berufliche Praxis der Internen Revision, Frankfurt a. M. 2017, S. 32 (IIA-Standard 1300 Programm zur Qualitätssicherung und -verbesserung).
[118] Vgl. IDW Prüfungsstandard 983 sowie DIIR Revisionsstandard Nr. 3, Tz 52 und A39 – A41 ff.

Grundlage und Gegenstand einer Prüfung des IRS sind die in einer sogenannten IRS-Beschreibung enthaltenen Aussagen des Unternehmens über das IRS. Die Verantwortung für die Inhalte der IRS-Beschreibung liegt bei den gesetzlichen Vertretern, wobei diese die Organisation der Erstellung einer solchen Systembeschreibung auf geeignete Personen, z. B. den Revisionsleiter übertragen können.[119]

Die IRS-Beschreibung stellt die Konzeption des IRS und die implementierten Regelungen des IRS in einer für die Adressaten verständlichen Art und Weise dar. Hierbei werden sowohl hinsichtlich des Umfangs als auch der Konkretisierung die Ziele des IRS sowie Art und Umfang der Geschäftstätigkeit des Unternehmens angemessen berücksichtigt. Regelmäßig wird die IRS-Beschreibung eine Zusammenfassung der relevanten internen Verfahrensbeschreibungen enthalten. Die IRS-Beschreibung wird im Allgemeinen aber nicht den Umfang einer umfassenden Prozessbeschreibung haben.[120]

In der Praxis sollte sich der Inhalt der IRS-Beschreibung an der für ein wirksames IRS als zwingend notwendig angesehenen Geschäftsordnung der Internen Revision sowie am Revisionshandbuch orientieren. Sie sollte darüber hinaus möglichst sämtliche verbindlichen Elemente des IPPF abdecken (vgl. die in Anlage 1 zu IDW Prüfungsstandard 983 dargestellten Kriterien) und keine falschen oder irreführenden Aussagen enthalten (vgl. Abb. 6).[121]

---

119 Vgl. IDW Prüfungsstandard 983 sowie DIIR Revisionsstandard Nr. 3, Tz 21–22.
120 Vgl. IDW Prüfungsstandard S 983 sowie DIIR Revisionsstandard Nr. 3, Tz A6.
121 Vgl. Eichler, H.: Prüfung von Corporate-Governance-Systemen. IDW EPS 983: Grundsätze ordnungsgemäßer Prüfungen von Internen Revisionssystemen (IRS), in: Die Wirtschaftsprüfung Nr. 21/2016, S. 1161.

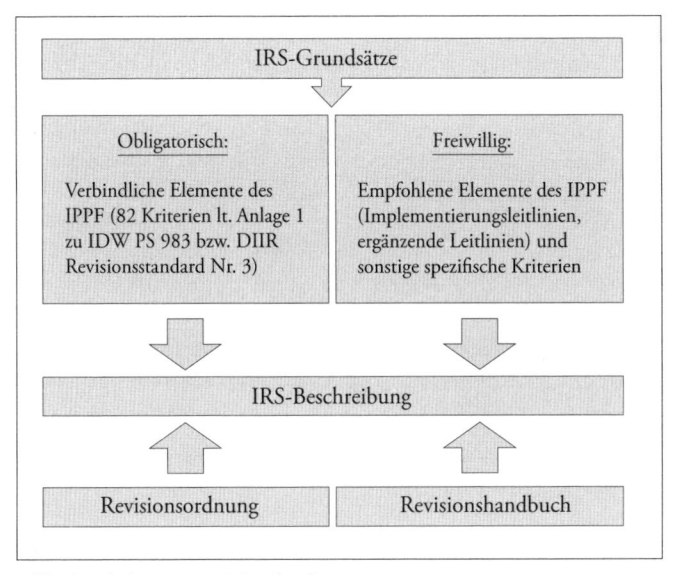

```
                    IRS-Grundsätze
                           ↓
   Obligatorisch:                    Freiwillig:

   Verbindliche Elemente des         Empfohlene Elemente des IPPF
   IPPF (82 Kriterien lt. Anlage 1   (Implementierungsleitlinien,
   zu IDW PS 983 bzw. DIIR           ergänzende Leitlinien) und
   Revisionsstandard Nr. 3)          sonstige spezifische Kriterien

            ↓                                ↓
                    IRS-Beschreibung
            ↑                                ↑
   Revisionsordnung                  Revisionshandbuch
```

*Abb. 6: Inhalte einer IRS-Beschreibung*

Die konkreten inhaltlichen Anforderungen an das IRS werden über die IRS-Grundsätze – d.h. sämtliche verbindlichen Elemente des IPPF – definiert, welche bei der Einrichtung des IRS zugrunde gelegt werden. Als Referenzrahmen für den Prozess zur Einrichtung eines IRS können auch die nachfolgend dargestellten – in Wechselwirkung zueinander stehenden – Grundelemente[122] eines IRS (vgl. Abb. 7) dienen, welche die in den Anlagen zu den Prüfungsstandards

---

122 Diese Grundelemente wurden in den IDW Prüfungsstandard 983 aufgenommen, um eine Überleitung zu den weiteren vom IDW herausgegebenen Corporate Governance-Prüfungsstandards (IDW PS 980–982) zu ermöglichen.

dargestellten 82 Einzelkriterien zusammenfassen und damit ein in Übereinstimmung mit den IPPF stehendes IRS kennzeichnen.[123]

*Abb. 7: Grundelemente eines Internen Revisionssystems gemäß IDW Prüfungsstandard 983*

### 1) Revisionskultur

*Die Revisionskultur stellt die Grundlage für die Angemessenheit und Wirksamkeit eines Revisionssystems dar. Sie wird geprägt durch die Grundeinstellungen vom Management und vom Überwachungsorgan zur Notwendigkeit und Ausgestaltung der Revisionsfunktion. Sie beeinflusst die Bedeutung, welche einer Revisionsfunktion in der Organisation beigemessen wird, und damit deren Effektivität. Vision, Leitbild und Wertesystem geben der Revision Zielrichtung, Identität und Selbstverständnis.*

Die Beurteilung der Revisionskultur eines Unternehmens ist insbesondere deswegen von so hoher Relevanz, weil die Interne Revision nicht lediglich eine „Feigenblattfunktion" in der Organisation darstellen darf. Hierfür ist unter anderem wichtig, dass

---

123 Vgl. Institut der Wirtschaftsprüfer: Prüfungsstandard 983. Grundsätze ordnungsmäßiger Prüfung von Internen Revisionssystemen, Düsseldorf 2017, Tz. A19.

die gesetzlichen Vertreter die Interne Revision in Abgrenzung von anderen Governance-Funktionen als dritte Verteidigungslinie (im sog. „Three-Lines-of-Defense-Modell") positionieren und damit die organisatorische Grundlage für deren Neutralität, Unabhängigkeit und Objektivität im Unternehmen gewährleisten (Mindeststandard 2).[124] Darüber hinaus sollte das Selbstverständnis der Internen Revisionsfunktion an einem Wertesystem ausgerichtet sein, welches einerseits dem Ethikkodex sowie den Grundprinzipien des IPPF[125] entspricht, andererseits jedoch auch die spezifische Unternehmenskultur der Organisation reflektiert bzw. sich optimal in diese einfügt. So kann die Revisionsfunktion im Unternehmen auf Akzeptanz stoßen und Wirksamkeit entfalten.

Nur wenn dem Revisionsleiter aufgrund seiner fachlichen Kompetenz und persönlichen Integrität seitens der Geschäftsleitung (insbesondere dem Vorsitzenden des Geschäftsleitungsgremiums) mit Wertschätzung begegnet wird, kann davon ausgegangen werden, dass er auch von anderen Führungskräften des Unternehmens (insbesondere den geprüften Bereichen) respektiert und in seiner täglichen Arbeit unterstützt wird.

*2) Organisation des IRS*

*Das Management regelt die Rollen, Verantwortlichkeiten sowie die Rahmenbedingungen der Aufbau- und Ablauforganisation und stellt die für ein wirksames Revisions-System notwendigen Ressourcen und Rahmenbedingungen zur Verfügung. Neutralität, Objektivität und*

---

[124] Die 82 Kriterien für eine wirksame Interne Revision beinhalten 6 Mindeststandards, deren Nichterfüllung eine Versagung des Prüfungsurteils nach sich ziehen würde; auf die Erfüllung dieser Mindeststandards ist daher in besonderem Maße zu achten.

[125] Die 10 Grundprinzipien für die berufliche Praxis der Internen Revision formulieren grundlegende Anforderungen für eine angemessene und wirksame Interne Revision.

*Unabhängigkeit der Internen Revision sowie ein uneingeschränktes Informations- und Prüfungsrecht werden gewährleistet.*

Die Interne Revision muss so organisiert sein, dass sie den ihr zugewiesenen Aufgabenstellungen uneingeschränkt nachkommen kann. Die Grundzüge hierfür sind in einer Geschäftsordnung (Mindeststandard 1) sowie in einem Revisionshandbuch festzuhalten und auch den übrigen Mitgliedern der Organisation zu vermitteln. Dies kann beispielsweise in einem eigenen Auftritt im Intranet des Unternehmens geschehen, damit auch die Mitarbeiter der zu prüfenden Fachbereiche sich ein umfassendes Bild von der Internen Revision, deren Mitarbeiter etc. machen können. So können auch Berührungsängste vermieden werden, welche sich häufig dann ergeben, wenn ein Fachbereich erstmalig geprüft wird oder noch keine Erfahrungen aus der Vergangenheit vorhanden sind.

Daneben ist sicherzustellen, dass die Interne Revision mit den zur Erfüllung ihrer Aufgaben notwendigen Mitteln ausgestattet wird (Personalausstattung und Sachmittel – Mindeststandard 3). Darüber hinaus muss die Fortbildung und Entwicklung der in der Revision beschäftigten Mitarbeiter klar definiert und gewährleistet sein.

*3) Ziele des IRS*

*Das Management legt auf der Grundlage der allgemeinen Unternehmensziele und -risiken sowie in Abstimmung mit den relevanten Stakeholdern die Ziele fest, welche durch die Revisionsfunktion erreicht werden sollen. Dies umfasst auch die Definition und Festlegung des Audit Universe, welches wiederum die Grundlage für die Prüfungsplanung und die hieraus abgeleiteten Prüfungsprogramme darstellt.*

Bei der angemessenen Zielfestlegung kommt es insbesondere darauf an, dass die Tätigkeitsfelder der Internen Revision sich an den Zielen des Unternehmens ausrichten und alle Aktivitäten des Unternehmens umfassen. Darüber hinaus sollten sämtliche, in der Definition der Internen Revision enthaltenen Anforderungen erfüllt sein.

### 4) Revisionsplanung und -programm

*Auf Basis der Revisionsziele sowie des Audit Universe und der identifizierten und bewerteten Risiken wird eine standardisierte und risikoorientierte Gesamtplanung erstellt. Für die einzelnen Prüfungen werden hieraus Konzepte und Programme abgeleitet, welche der Prüfungsdurchführung zugrunde gelegt werden.*

Zunächst ist sicherzustellen, dass der Prüfungsplan der Internen Revision auf Grundlage eines standardisierten und risikoorientierten Planungsprozesses erstellt wird (sog. Revisionsgesamtplanung – Mindeststandard 4). Sodann sind aus dieser Revisionsgesamtplanung heraus auch der zeitliche Rahmen und die Abfolge der zu prüfenden Objekte zu entwickeln sowie die Zuordnung der Ressourcen und Verantwortlichkeiten nachvollziehbar abzuleiten.

### 5) Revisionsdurchführung

*Die Revisionsdurchführung umfasst für die einzelnen Prüfungen sowohl Prüfungsvorbereitung, -handlungen, -nachbereitung und Follow-Up. Dabei ist auf eine einheitliche, sachgerechte und ordnungsgemäße Dokumentation von Art und Umfang der Prüfungshandlungen und -ergebnisse zu achten. Die Berichterstattung erfolgt nach einem standardisierten Verfahren.*

Bei der Revisionsdurchführung im eigentlichen Sinne kommt es insbesondere darauf an, dass Art und Umfang der Prüfungshandlungen und -ergebnisse einheitlich, sachgerecht und ordnungsgemäß dokumentiert werden (Mindeststandard 5). Hierzu gehört auch die Umsetzung der in den Revisionsberichten dokumentierten

Maßnahmen durch einen effektiven Follow-Up-Prozess (Mindeststandard 6).

*6) Revisionskommunikation*

*Regeln zur Kommunikation innerhalb des Prüfungsteams sowie mit relevanten Stakeholdern werden definiert und umgesetzt. Hierzu gehört neben der Berichterstattung an Management und Aufsichtsorgane auch der regelmäßige Informations- und Erfahrungsaustausch mit sonstigen Stakeholdern.*

Im Rahmen der Revisionskommunikation ist sicherzustellen, dass die Interne Revision in den Verteiler wesentlicher Unternehmensinformationen aufgenommen ist (Kommunikation in die Interne Revision hinein). Darüber hinaus wird in diesem Zusammenhang die Kommunikation aus der Internen Revision heraus, z. B. gegenüber der Geschäftsleitung (Berichterstattung) sowie die Kommunikation der einzelnen Teammitglieder der Internen Revision untereinander (z. B. Feedbackgespräche) zu gestalten sein. Ein gutes „Internes Marketing" trägt dazu bei, dass die Interne Revision auf erhöhte Akzeptanz bei den geprüften Bereichen stößt.

*7) Revisionsüberwachung und -verbesserung*

*Im Rahmen eines kontinuierlichen Verbesserungsprozesses werden sowohl interne als auch externe Qualitätskontrollen durchgeführt. Der Leiter der Internen Revision sorgt für die Beseitigung von Mängeln sowie die Verbesserung des Systems.*

Hier ist sicherzustellen, dass die vom Revisionsleiter erarbeiteten und implementierten Qualitätsstandards hinsichtlich ihrer tatsächlichen Umsetzung in den von der Internen Revision durchgeführten Prüfungen tatsächlich beachtet werden. Hierzu zählt auch die regelmäßige Information der Geschäftsleitung sowie des

Prüfungsausschusses über die Ergebnisse des revisionsinternen Qualitätsmanagements.

## 8.4 Bewertung der Ergebnisse einer Wirksamkeitsprüfung

Die Bewertung der Prüfungsergebnisse unterliegt prüferischem Ermessen und ist mit berufsüblicher Sorgfalt durchzuführen. Hierbei sind insbesondere qualitative Faktoren zu berücksichtigen, die auch von branchen-, größen- und organisationsspezifischen Besonderheiten beeinflusst werden.

Als Orientierung für die Ausübung des prüferischen Ermessens enthalten die Prüfungsstandards zum Internen Revisionssystem ein mehrstufiges Bewertungsverfahren. Danach erfolgt die Bewertung der Prüfungsergebnisse auf **drei Ebenen**.[126]

Zunächst erfolgt auf der **Ebene der 82 Qualitätskriterien** eine Bewertung entsprechend folgender Skala:

3 = voll erfüllt
2 = leichtes Verbesserungspotenzial
1 = deutliches Verbesserungspotenzial
0 = unzureichend
n. a. = nicht anwendbar

Die Bewertung eines der Kriterien des Kriterienkatalogs mit 0, 1 oder 2 bedeutet, dass ein Mangel des IRS vorliegt. Die Beurteilung, ob der Mangel zu einer wesentlichen Beanstandung des IRS-Prüfers führt, ist nach prüferischem Ermessen durchzuführen. Die Bewertung eines der 6 Mindestkriterien mit 0 („unzureichend") führt jedoch zwingend zu einer Versagung des Prüfungsurteils.

---

[126] Vgl. zum Themenkomplex Bewertung insgesamt IDW Prüfungsstandard 983 sowie DIIR Revisionsstandard Nr. 3, S. 50–53.

Als zweiter Schritt erfolgt eine aggregierte Bewertung auf der **Ebene von 11 themenbezogenen Betrachtungsfeldern**:

| Betrachtungsfelder | Anzahl Einzelkriterien |
|---|---|
| **Grundlagen:** | |
| (1) Organisation, Einordnung im Unternehmen, Tätigkeitsfelder | 11 |
| (2) Budget/Ressourcen | 5 |
| (3) Planung | 9 |
| **Durchführung:** | |
| (4) Vorbereitung | 7 |
| (5) Prüfung | 13 |
| (6) Berichterstattung | 9 |
| (7) Prüfungsnacharbeit | 4 |
| (8) Follow-Up | 4 |
| **Mitarbeiter:** | |
| (9) Auswahl | 5 |
| (10) Entwicklung/Fortbildung | 5 |
| (11) Führung der Internen Revision | 10 |

*Tabelle 5: Betrachtungs- und Bewertungsfelder der IRS-Prüfung*

Die Bewertung für ein Betrachtungsfeld ergibt sich aus der prozentualen Zielerreichung der aggregierten Ergebnisse der jeweils relevanten Einzelkriterien. Hierbei wird folgende **Bewertungsskala** zugrunde gelegt:

    > = 90 %        voll erfüllt
    75 % – < 90 %   leichte Verbesserungspotenziale
    50 % – < 75 %   deutliche Verbesserungspotenziale
    < 50 %          unzureichend

Auf Basis der prozentualen Zielerreichung je Betrachtungsfeld erfolgt zunächst die Beurteilung nach quantitativen und qualitativen Faktoren, ob die Beanstandungen auf der Ebene der Betrachtungsfelder wesentlich sind. Hierbei ist grundsätzlich davon auszugehen, dass eine wesentliche Beanstandung bezogen auf ein Betrachtungsfeld vorliegt, wenn der überwiegende Teil der Einzelkriterien eines Betrachtungsfelds eine Beanstandung (0, 1 oder 2) aufweist und/oder eine größere Anzahl der Einzelkriterien als unzureichend (0) eingestuft worden ist. Diese Situation wird durch einen Score < 75 % indiziert. Die Vermutung kann aufgrund einer Würdigung qualitativer Faktoren widerlegt werden. Auch bei einem Score > = 75 % können grundsätzlich wesentliche Beanstandungen vorliegen. Ist eine wesentliche Beanstandung auf ein Betrachtungsfeld und damit einen abgrenzbaren Teilbereich des IRS beschränkt, führt dies grundsätzlich zu einer entsprechenden Einschränkung des Prüfungsurteils. Sollten mehrere Betrachtungsfelder eine wesentliche Beanstandung aufweisen ist nach prüferischem Ermessen zu beurteilen, ob die Beanstandungen mangels Abgrenzbarkeit auf einzelne Teilbereiche des IRS zu einer Versagung des Prüfungsurteils führen.

In analoger Weise erfolgt schließlich in einem dritten Schritt die Beurteilung auf der **Ebene des gesamten IRS**. Eine wesentliche Beanstandung auf Ebene des IRS als Ganzes führt mangels Abgrenzbarkeit grundsätzlich zu einer Versagung des Prüfungsurteils.

# 9. Aktuelle Handlungsfelder der Internen Revision

## 9.1 Investigative Sonderuntersuchungen

Besondere Anforderungen stellen sich für eine Interne Revision im Zusammenhang mit investigativen Sonderuntersuchungen aufgrund von Hinweisen auf (mögliche) Verstöße gegen Compliance-Anforderungen durch Mitarbeiter des eigenen Unternehmens.

Seit etwa zehn Jahren hat sich infolge zahlreicher Unternehmensskandale das Thema Compliance-Management in Deutschland stark entwickelt. Damit haben sich auch die Anforderungen an die Durchführung von internen investigativen Sonderuntersuchungen signifikant erhöht.[127]

Zur Vermeidung von Verstößen gegen rechtliche Anforderungen sowie zur Sicherstellung einer professionellen Durchführung von Sonderuntersuchungen empfiehlt es sich für jedes Unternehmen, den unternehmensinternen Prozess der Durchführung von investigativen Sonderuntersuchungen transparent zu machen und ihn ggf. unter angemessener Einbindung des Betriebs- bzw. Personalrats neu zu ordnen und zu dokumentieren. In einem solchen Prozess sollte auch der Internen Revision eine ihrer Rolle im Unternehmen

---

127 Vgl. Deutsches Institut für Interne Revision: DIIR Revisionsstandard Nr. 5. Standard zur Prüfung des Anti-Fraud-Management-Systems durch die Interne Revision, Frankfurt/M. (Stand: September 2015).

und ihrer Expertise gemäße Aufgabe explizit zugeordnet werden. Hierbei sind insbesondere folgende Aspekte zu berücksichtigen:[128]

(1) Festlegung von klaren, aufeinander abgestimmten Rollen, Kompetenzen und Verantwortlichkeiten für die in investigative Sonderuntersuchungen typischerweise involvierten Fachbereiche Compliance-Management, Interne Revision, Personalmanagement, Sicherheitsmanagement, Datenschutzbeauftragter, IT bzw. IT-Sicherheit und Betriebsrat/Personalrat. Der Internen Revision kommt hierbei regelmäßig eine koordinierende Rolle bei der operativen Durchführung der Sonderuntersuchungen zu. Vor diesem Hintergrund ist es in der Praxis üblich, einen Puffer im Umfang von 10 bis 20 % der insgesamt verfügbaren Prüfungszeiten der Internen Revision für Sonderuntersuchungen im Rahmen der Jahresplanung zu berücksichtigen.
(2) Definition von klaren Berichts- und Entscheidungswegen zwischen den involvierten Fachbereichen und dem Leitungsorgan.
(3) Festlegung von klaren Vorgaben und internen Zuständigkeiten für die Zusammenarbeit mit externen Stellen (insbesondere mit externen Ermittlungsbehörden).
(4) Klärung der rechtlichen und betriebsinternen Anforderungen für den Einsatz von Untersuchungsmethoden mit erhöhter Eingriffsintensität (z. B. Einsicht in Telefonverbindungen, Log-in-Daten, E-Mail-Accounts). Hier wird eine Interne Revision regelmäßig auf Abstimmungen mit der Compliance-Funktion, dem Datenschutzbeauftragten, der Rechtsabteilung und dem Personalmanagement bzw. externen Spezialisten angewiesen sein.

---

[128] Vgl. insgesamt zu diesem Themenkomplex Bay, K. C.: Handbuch Internal Investigations, Berlin 2013.; Moosmayer, K.; Hartwig, N. (Hrsg.): Interne Untersuchungen. Praxisleitfäden für Unternehmen, München 2012.

(5) Erarbeitung eines fachbereichsübergreifenden Verständnisses für einen regelkonformen, fairen und unternehmensweit konsistenten Umgang mit tatverdächtigen Mitarbeitern sowie für eine Sanktionierungspraxis, die dem Grundsatz der Verhältnismäßigkeit entspricht und so auch im Unternehmen wahrgenommen werden sollte. Es kann sinnvoll sein, die unternehmensinternen Anforderungen und Vorgaben in Form einer Verhaltensrichtlinie für die Durchführung von investigativen Sonderuntersuchungen zu dokumentieren.[129]
(6) Aufbau der erforderlichen unternehmensinternen Fachexpertise bzw. Sicherstellung der kurzfristigen Verfügbarkeit der erforderlichen externen Expertise durch Abschluss entsprechender Rahmenverträge.

Für eine sachgerechte Durchführung von investigativen Sonderuntersuchungen sind die Aufgabenwahrnehmung und das Rollenverständnis der Internen Revision von zentraler Bedeutung. Die Interne Revision sollte daher durch den Aufbau interner bzw. durch (rahmenvertraglich abgesicherte) Vorhaltung entsprechender externer Expertise (insbesondere im Bereich der investigativen Untersuchungs- und Interviewtechniken sowie der gerichtsfesten Dokumentation) sicherstellen, dass sie ihre Aufgaben im Rahmen von unternehmensinternen Sonderuntersuchungen jederzeit professionell wahrnehmen kann. Gerade kleine Interne Revisionen werden die erforderliche (investigative) Fachexpertise nicht intern vorhalten können, sondern auf die Zusammenarbeit mit externen Spezialisten insbesondere im Bereich der forensischen Datenana-

---

[129] Vgl. Burgard, J.: Verhaltenskodex für unternehmensinterne Untersuchungen, in: Moosmayer, K.; Hartwig, N. (Hrsg.): Interne Untersuchungen. Praxisleitfäden für Unternehmen, München 2012, S. 157–171.

lyse[130] und in der professionellen Durchführung von investigativen Interviews[131] angewiesen sein.

Sofern für eine Interne Revision eine professionelle Durchführung von investigativen Sonderuntersuchungen aus Gründen des fehlenden Know-hows und/oder der fehlenden internen Personalressourcen generell oder im konkreten Einzelfall nicht darstellbar ist, hat der Revisionsleiter dieses gegenüber dem Leitungsorgan offenzulegen und auf die Einbindung von geeigneter externer Expertise hinzuwirken.[132]

## 9.2 Compliance Audits

Es steht außer Frage, dass die Interne Revision in ihrer Funktion als dritte Verteidigungslinie im sogenannten Three-Lines-of-Defense-Modell (vgl. hierzu die Ausführungen in Kapitel 1) auch prädestiniert ist, die unternehmenseigene Compliance-Funktion bzw. das Compliance-Management-System (CMS)[133] zu prüfen und zu beurteilen.

Um in der Lage sein, hierzu ein neutrales und objektives Prüfungsurteil abgeben zu können, ist entscheidend, dass die Interne Revision organisatorisch von der Compliance-Funktion getrennt ist. Sollte dies nicht der Fall sein (z. B. weil der Revisionsleiter gleichzeitig auch die Leitung der Compliance-Funktion wahr-

---

130 Vgl. Meyer, J.: Forensische Datenanalyse: Dolose Handlungen im Unternehmen erkennen und aufdecken, Berlin 2012.
131 Vgl. Wilmer, R.: Befragungstechniken, in: Jackmuth, H.-W.; de Lamboy, C.; Zawilla, P. (Hrsg.): Fraud Management: Der Mensch als Schlüsselfaktor gegen Wirtschaftskriminalität, Frankfurt/M. 2011, S. 785–804.
132 Vgl. Besl, F.: Zusammenarbeit Interne Revision mit externen Beratern, in: Bay, K. C.: Handbuch Internal Investigations, Berlin 2013, S. 215–231.
133 Zur Einführung in das Thema Compliance-Management vgl. Behringer, S.: Compliance für Aufsichtsräte, Berlin 2016, Moosmayer, K.: Compliance. Praxisleitfaden für Unternehmen, 3. Aufl., München 2015.

nimmt), besteht aufgrund des damit verbundenen Interessenkonflikts die Notwendigkeit, eine Prüfung des CMS durch einen unabhängigen Dritten (z. B. durch hierauf spezialisierte Wirtschaftsprüfer) ausführen zu lassen.

### a) Bedeutung von Compliance Audits für die Überwachungstätigkeit des Aufsichtsrats

In der Gesetzesbegründung zum BilMoG wird ausgeführt, dass die in § 107 Abs. 3 Satz 2 AktG (der zunächst lediglich die innere Ordnung des Aufsichtsrats betrifft) als Gegenstände der Überwachungstätigkeit des Aufsichtsrats genannten Bereiche (u. a. das Risikomanagement, das Interne Kontrollsystem und die Interne Revision) als eine Konkretisierung der allgemeinen Überwachungsaufgabe des Aufsichtsrats aus § 111 Abs. 1 AktG anzusehen sind. Die Überwachungsaufgaben des Aufsichtsrats umfassen auch die Maßnahmen des Vorstands, die sich auf die Begrenzung der Risiken aus möglichen Verstößen gegen gesetzliche Vorschriften und interne Richtlinien (Compliance) beziehen. Dem trägt Ziffer 5.3.2 des Deutschen Corporate Governance Kodex (DCGK) Rechnung, der zu den Aufgaben des Prüfungsausschusses ausführt, dass sich der Prüfungsausschuss – falls kein anderer Ausschuss damit betraut ist – auch mit der Compliance des Unternehmens befasst.[134]

Für Aufsichtsräte ist es daher sicherlich eine Überlegung wert, ein Compliance Audit durch einen sachkundigen und unabhängigen Auditor anzuregen bzw. ggf. auch einzufordern.[135] Vor diesem Hintergrund sollte der Aufsichtsrat ein hohes Interesse daran haben, in die Überlegungen und Vorbereitungen zur Durchführung eines Compliance Audits eingebunden zu werden. Er sollte von vorn-

---

134 Vgl. Institut der Wirtschaftsprüfer: Prüfungsstandard 983. Grundsätze ordnungsmäßiger Prüfung von Internen Revisionssystemen, Düsseldorf 2017, Tz 5 und 6.
135 Vgl. Behringer, S.: Compliance für Aufsichtsräte, Berlin 2016, S. 102.

herein darauf achten, dass das durchgeführte Compliance Audit auch seiner eigenen Interessenlage gerecht wird, eine Einschätzung der Wirksamkeit des CMS vornehmen zu können. Inwieweit dieser Zielsetzung die Durchführung eines Compliance Audit durch die Interne Revision oder die Durchführung durch einen externen Prüfer eher entspricht, muss im Einzelfall entschieden werden.

Für den Aufsichtsrat führt ein professionelles Compliance Audit mit hoher Wahrscheinlichkeit zu einer Haftungsreduktion, denn der Aufsichtsrat hat keine operative Verantwortung, sondern soll die Wirksamkeit des CMS nur überwachen. Dies wird durch ein professionell durchgeführtes Compliance Audit unterstützt.[136]

*b) Durchführung von Compliance Audits durch die Interne Revision*

Unter der Voraussetzung, dass die Interne Revision tatsächlich von der Compliance-Funktion unabhängig im Unternehmen positioniert ist, gehört es zu den Kern-Aufgaben der Internen Revision, auch das CMS in regelmäßigen Abständen einer Prüfung zu unterziehen. Dabei ist zu unterscheiden zwischen Prüfungen des CMS in Form einer Systemprüfung sowie von Prüfungen einzelner Compliance-Themenfelder (z. B. Antikorruption) im Sinne einer Funktionsprüfung, z. B. zur Unterstützung der Compliance-Funktion. Einige Organisationen haben ihren Compliance-Fokus zwischenzeitlich auf „Wertemanagement" gelegt und hinterfragen im Rahmen der regelmäßig durchgeführten Compliance-Überwachungsmaßnahmen in besonderem Maße die Beachtung der organisationseigenen Werte und Prinzipien im Tagesgeschäft. Es erscheint daher als sinnvoll, gewisse Kriterien des Compliance- und Wertemanagements, der Unternehmenskultur sowie von „red

---

136 Vgl. Behringer, S.: Compliance für Aufsichtsräte, Berlin 2016, S. 103.

flags" hinsichtlich potentieller wirtschaftskrimineller Handlungen in den Standard-Arbeitsprogrammen der Internen Revision fest zu verankern und damit bei allen Prüfungen immer wieder zu hinterfragen.

### c) Orientierung am IDW Prüfungsstandard 980

Bei der Durchführung eines umfassenden Compliance Audits, d. h. einer umfassenden Systemprüfung, kann sich die Interne Revision am IDW Prüfungsstandard 980[137] orientieren. Dabei handelt es sich um den am häufigsten genutzten Standard zur Durchführung von Prüfungen des CMS. Anzumerken ist in diesem Zusammenhang, dass sich die Inhalte dieses Standards nicht nur als Benchmark für die Prüfung, sondern auch für die Ausgestaltung eines angemessenen und wirksamen CMS etabliert haben.[138] Um den Anforderungen an die Überwachungstätigkeit des Aufsichtsrats gemäß § 107 Abs. 3 S.2 AktG gerecht zu werden, sollte ein solches Compliance Audit als Wirksamkeitsprüfung angelegt sein.[139] Die Überwachung des CMS durch die Interne Revision muss planmäßig erfolgen und risikobasiert sicherstellen, dass alle Bestandteile des CMS in einem angemessenen Zeitrahmen und Umfang hin-

---

137 Vgl. Institut der Wirtschaftsprüfer: Prüfungsstandard 980. Grundsätze ordnungsmäßiger Prüfung von Compliance-Management-Systemen, Düsseldorf 2011.
138 Vgl. Eichler, H. Compliance-Management-Systeme – Praktische Ausgestaltung für die Teilbereiche Antikorruption sowie Wettbewerbs- und Kartellrecht, in: Die Wirtschaftsprüfung Nr. 1/2015, S. 7.
139 Da die Interne Revision üblicherweise vom Leitungsorgan weisungsabhängig ist, sind deren Prüfungshandlungen für die Überwachungsaufgabe eines Aufsichtsorgans ggf. nur mit Einschränkungen verwendbar. Daher kann die Beauftragung eines externen Dritten ein geeignetes Instrument darstellen, um sowohl das Leitungsorgan als auch Aufsichtsorgan bei der Ausübung ihrer Aufsichts- und Überwachungspflichten zu unterstützen (vgl. hierzu auch Eichler, H. Compliance-Management-Systeme – Praktische Ausgestaltung für die Teilbereiche Antikorruption sowie Wettbewerbs- und Kartellrecht, in: Die Wirtschaftsprüfung Nr. 1/2015, S. 14).

sichtlich ihrer Zielverfolgung und -erreichung beurteilt werden. Dies ist vor allem für die Compliance-Kultur[140] eine besondere Herausforderung.[141] Die Hinzuziehung von (externen) Spezialisten zur Evaluierung der Unternehmenskultur ist daher zu erwägen.[142]

### d) Orientierung an allgemein anerkannten Rahmenkonzepten

Bei der Prüfung des organisationseigenen CMS kann sich die Interne Revision auch an allgemein anerkannten CMS-Rahmenkonzepten orientieren. Dies gilt insbesondere für den Fall, dass das Unternehmen sich an einem solchen Rahmenkonzept bei der Ausgestaltung und Implementierung des CMS ausgerichtet hat. In der Praxis werden eine Vielzahl unterschiedlicher Rahmenkonzepte genutzt, welche teils allgemein verwendbar (z. B. ISO 19600),[143] teils branchenspezifisch (z. B. das „Pflichtenheft ComplianceManagement in der Immobilienwirtschaft"[144] oder das EMB-Wertemanagement

---

140 Vgl. hierzu Wendt, M.: Compliance-Kultur – Grundlagen und Evaluierung, in: Hauschka, C.E; Moosmayer, K., Lösler, T. (Hrsg.): Corporate Compliance. Handbuch der Haftungsvermeidung im Unternehmen, 3. Aufl., München 2016, S. 273 – 296.
141 Vgl. hierzu Wendt, M.; Withus, K.-H.: Die Prüfung der Compliance-Risikoanalyse durch den Wirtschaftsprüfer, in: Moosmayer, K. (Hrsg.): Compliance-Risikoanalyse. Praxisleitfaden für Unternehmen, München 2015, S. 174.
142 Vgl. Eichler, H. Compliance-Management-Systeme – Praktische Ausgestaltung für die Teilbereiche Antikorruption sowie Wettbewerbs- und Kartellrecht, in: Die Wirtschaftsprüfung Nr. 1/2015, S. 15.
143 Vgl. ISO: ISO/DIS 19600: Compliance management systems – Guidelines (International Standard), o. O. 2014.
144 Vgl. Initiative Corporate Governance der deutschen Immobilienwirtschaft e.V.: Pflichtenheft ComplianceManagement in der Immobilienwirtschaft (Stand: Oktober 2014), abrufbar unter *http://www.immo-initiative.de/wp-content/uploads/2011/11/Pflichtenheft-finale-ueberarbeitete-Fassung-29-09-2014.pdf* (zuletzt abgerufen am 30.07.2017).

Bau)[145] ausgestaltet sind. Zu einigen dieser Rahmenkonzepte existieren auch Prüfungsgrundsätze und Hilfsmittel wie Checklisten/Fragebögen etc., welche von der Internen Revision im Rahmen eines Compliance Audits genutzt werden können.

## 9.3 Culture Audits

> „*Obtaining reliable information about soft controls is a challenge, perhaps the greatest challenge internal auditors have ever faced.*"[146]

*a) Grundlagen zur Durchführung von Culture Audits*

Aspekte der Unternehmens- bzw. Organisationskultur spielen eine zunehmend wichtigere Rolle für die Interne Revision. Die Entwicklungen der regulatorischen Vorgaben[147] sowie der Good Practices

---

145 Vgl. EMB-Wertemanagement Bau e.V., abrufbar unter *https://www.bauindustrie-bayern.de/themen/emb-wertemanagement/emb-wertemanagement-bau-ev* (zuletzt abgerufen am 30.07.2017)
146 Vgl. Roth, J.: Best Practices: Evaluating the Corporate Culture, Altamonte Springs 2010.
147 Zu regulatorischen Vorgaben vgl. Steinbrecher, I.: Risikokultur: Anforderungen an eine verantwortungsvolle Unternehmensführung, 17.08.2015, abrufbar unter *https://www.bafin.de/SharedDocs/Veroeffentlichungen/DE/Fachartikel/2015/fa_bj_1508_risikokultur.html* (zuletzt abgerufen am 28.07.2017); Bundesanstalt für Finanzdienstleistungsaufsicht (BaFin): Anschreiben zum Rundschreiben 10/2012 (BA) – Mindestanforderungen an das Risikomanagement – MaRisk, Bonn/Frankfurt a. M., 14.12.2012.

im Bereich der Corporate Governance[148] in den vergangenen Jahren weisen darauf hin, dass sich im Bereich der Unternehmens- und Organisationskultur zukünftig neue Prüfungsschwerpunkte für die Interne Revision ergeben werden. Denn eine ausschließlich regel- und kontrollbasierte Unternehmenssteuerung und -überwachung erscheint als nicht mehr ausreichend, um hinreichende Sicherheit für die Leitungs- und Aufsichtsorgane herzustellen.

Dies wurde auch vom Berufstand der Internen Revision erkannt und schlägt sich nieder in einer Anpassung der Standards zur Prüfung der Wirksamkeit des Internen Revisionssystems. So wurde unlängst der Kriterienkatalog des neuen IDW Prüfungsstandards 983 bzw. des überarbeiteten DIIR Revisionsstandards Nr. 3 in zwei Punkten diesbezüglich angepasst bzw. ergänzt. Demnach ist darauf zu achten, dass die Geschäftsordnung der Internen Revision Regelungen zur Ausrichtung der Revisionsfunktion an der Unternehmenskultur enthält (Kriterium 2). Daraus folgt zwangsläufig, dass sich die Interne Revision zukünftig explizit mit der bestehenden Unternehmens- bzw. Organisationskultur befasst und zu diesem Zweck z. B. auch entsprechende Analysen bzw. Evaluierungen durchführt bzw. vorhandene Evaluierungen für ihre Zwecke auswertet. Dies kann beispielsweise auch unter Zuhilfenahme eines Self-Assessment geschehen, dessen fachgerechte Evaluierung kritisch durch die Interne Revision hinterfragt wird. Des Weiteren muss das Wertesystem der Internen Revision selbst entsprechend dem Ethikkodex und den Grundprinzipien des IPPF aufgestellt und ausgerichtet sein (Kriterium 11).[149]

---

148 Zu Good Practices vgl. Wendt, M.: Finanzinstitute: Evaluierung der Risikokultur, in: Bank Praktiker Nr. 12-01/2016, S. 465–469; Wendt, M.: Compliance-Kultur – Grundlagen und Evaluierung, in: Hauschka, C.E; Moosmayer, K., Lösler, T. (Hrsg.): Corporate Compliance. Handbuch der Haftungsvermeidung im Unternehmen, 3. Aufl., München 2016, S. 273–296.
149 Vgl. Institut der Wirtschaftsprüfer: Prüfungsstandard 983. Grundsätze ordnungsmäßiger Prüfung von Internen Revisionssystemen, Düsseldorf 2017, Anlage 1.

*Culture Audits*

Die Ursprünge der Beschäftigung mit dem Thema Unternehmenskultur reichen in die 30er Jahre des letzten Jahrhunderts zurück[150]. Einen regelrechten Boom erlebte das Thema Unternehmenskultur in den 80er Jahren. Eine Ursache hierfür war der in vielen Fällen gescheiterte Versuch, in amerikanischen Unternehmen neuartige Management- und Produktionsmethoden nach japanischem Vorbild einzuführen.[151] Daraufhin wurde die Kultur erfolgreicher Unternehmen in den USA untersucht.[152]

Weltweit besondere Beachtung gefunden hat ein von Edgar H. Schein geprägtes Verständnis von Unternehmenskultur. Danach besteht Unternehmenskultur aus drei Ebenen: Grundannahmen, Werte sowie Artefakte (vgl. Abb. 8). Die Grund- bzw. Basisannahmen sind Vorstellungen über Umweltbezug, Wahrheit, Menschen, menschliches Handeln und soziale Beziehungen. Werte sind Normen und Standards, Maximen, Richtlinien, Verbote usw.. Artefakte (Symbolsysteme) sind Sprache, Rituale, Kleidung und Umgangsformen. Grundannahmen sind unsichtbar und zumeist unbewusst. Werte sind teilweise unsichtbar und teilweise unbewusst. Artefakte sind sichtbar, aber teilweise nicht ohne weiteres verständlich.[153]

---

150 Vgl. Barnard, C. I.: The Functions of the Executive, Cambridge MA 1938/1968, S. 114–123.
151 Vgl. Pascale, R. T.; Athos, A. G.: The Art of Japanese Management: Applications for American Executives, New York 1981.
152 Vgl. Peters, T. J.; Watermann, R. H.: In Search of Excellence. Lessons from America's Best-Run Companies, New York 1982.
153 Vgl. Schein, E. H.: Organisationskultur. The Ed Schein Corporate Culture Survival Guide, 3. Aufl. Bergisch-Gladbach 2010, S. 31.

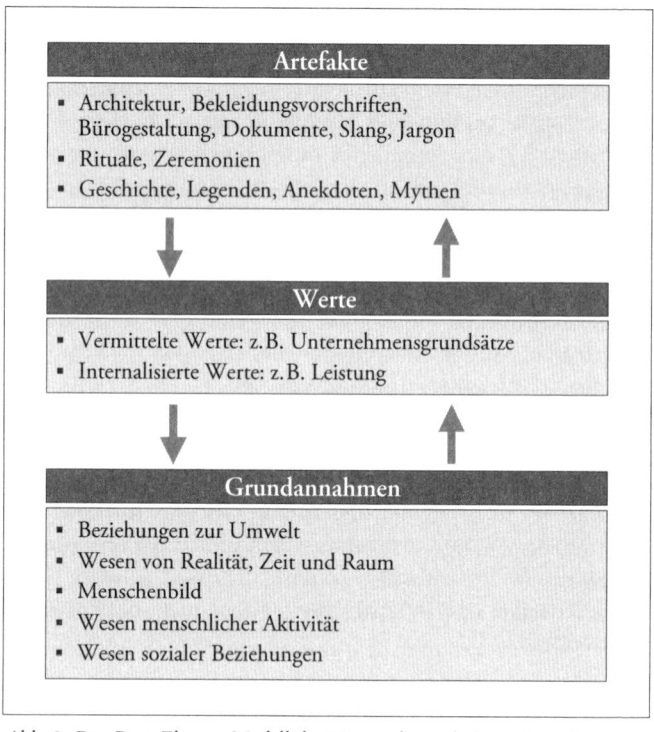

```
┌─────────────────────────────────────────────────┐
│                   Artefakte                     │
├─────────────────────────────────────────────────┤
│ • Architektur, Bekleidungsvorschriften,         │
│   Bürogestaltung, Dokumente, Slang, Jargon      │
│ • Rituale, Zeremonien                           │
│ • Geschichte, Legenden, Anekdoten, Mythen       │
└─────────────────────────────────────────────────┘
                    ↓        ↑
┌─────────────────────────────────────────────────┐
│                    Werte                        │
├─────────────────────────────────────────────────┤
│ • Vermittelte Werte: z. B. Unternehmensgrundsätze│
│ • Internalisierte Werte: z. B. Leistung         │
└─────────────────────────────────────────────────┘
                    ↓        ↑
┌─────────────────────────────────────────────────┐
│                 Grundannahmen                   │
├─────────────────────────────────────────────────┤
│ • Beziehungen zur Umwelt                        │
│ • Wesen von Realität, Zeit und Raum             │
│ • Menschenbild                                  │
│ • Wesen menschlicher Aktivität                  │
│ • Wesen sozialer Beziehungen                    │
└─────────────────────────────────────────────────┘
```

*Abb. 8: Das Drei-Ebenen-Modell der Unternehmenskultur, Darstellung in Anlehnung an Schein*

Geert Hofstede definiert Organisationskultur als eine kollektive Programmierung des Denkens und Wahrnehmens der Mitglieder einer Organisation („collective programming of the mind"). Auf der Grundlage der Ergebnisse einer von ihm in den 80er Jahren durchgeführten Studie vertritt Hofstede die Auffassung, dass als zentraler Aspekt der Unternehmenskultur die kollektive Wahrnehmung der betrieblichen Praktiken angesehen werden sollte. Diese betrieblichen Praktiken werden nach der von Hofstede vertretenen

Auffassung von den Mitarbeitern eines Unternehmens im Rahmen ihrer täglichen Arbeit erlernt.[154]

Für den Soziologen Niklas Luhmann konstituieren sich Organisationen durch eine fortlaufende Kommunikation von Entscheidungen.[155] Unter Organisationskultur versteht er dabei jene Entscheidungsprämissen, die „aus Anlass von Entscheidungen"[156] produziert werden, über die jedoch in der Organisation selbst nicht explizit entschieden werden kann.[157] Nach Auffassung von Luhmann erschwert die Organisationskultur den Wandel in einer Organisation, denn Veränderungen der bestehenden Organisationskultur können nicht direkt über Entscheidungen herbeigeführt werden.[158]

Hierbei ist außerdem zu beachten, dass Unternehmen i. d. R. nicht über eine einheitliche Unternehmenskultur verfügen, sondern über eine Vielzahl von Subkulturen mit jeweils ganz spezifischen Ausprägungen.[159]

Ausgehend von Schein, Hofstede und Luhmann richtet sich der Fokus bei der Analyse der Wirksamkeit der Corporate Governance auf die in einem Unternehmen tatsächlich bestehenden Grundannahmen sowie auf die kollektive Wahrnehmung der jeweils relevanten betrieblichen Praktiken, d. h. auf die Kommunikation zur Ausge-

---

154 Vgl. Hofstede, G.; Hofstede, G. J.; Minkov, M.: Cultures and organizations. Software of the mind. Intercultural cooperation and its importance for survival, 3rd ed, New York a. o. 2010, S. 345–348.
155 Vgl. Luhmann, N.: Soziologische Aspekte des Entscheidungsverhalten, in: DBW Nr. 4/1984, S. 594.
156 Vgl. Luhmann, N.: Organisation und Entscheidung, Opladen 2000, S. 242.
157 Vgl. für eine ähnliche Konzeptionalisierung von Vertrauen im Rahmen der Führungskraft-Mitarbeiter-Beziehung vgl. O'Toole, J.: Speaking Truth to Power, in: Bennis, W.; Goleman, D.; O'Toole, J.: Transparency. How Leaders Create a Culture of Candor, San Francisco 2008, S. 62: "But leaders can't provide trust directly to followers. Instead, trust is an outcome of all a leader's accumulated actions and behaviors."
158 Vgl. Luhmann, N.: Organisation und Entscheidung, Opladen 2000, S. 245.
159 Vgl. Sackmann, S. A.: Culture and Subcultures. An Analysis of Organizational Knowledge, in: Administrative Science Quarterly, Vol. 37, No. 1/1992, S. 140–161.

staltung und Funktionsweise des Compliance-Management-Systems, des Risikomanagementsystems und des Internen Revisionssystems.

Für die Wirksamkeit der Corporate Governance sind insbesondere folgende Perspektiven auf die Unternehmens- bzw. Organisationskultur von besonderer Relevanz:
- Compliance-Kultur,[160]
- Risikokultur,[161]
- Revisionskultur.[162]

Das Compliance-Management-System sowie das Risikomanagementsystem sind zentrale Prüfungsfelder jeder Internen Revision. Somit ist auch ein profundes Verständnis für das Thema Unternehmenskultur essentiell für eine professionelle Interne Revision.

### b) Bedeutung von Culture Audits für die Überwachungstätigkeit des Aufsichtsrats

Eine reine Ausrichtung der Überwachungstätigkeit des Aufsichtsrats an der ihm seitens des Leitungsorgans regelmäßig präsentierten (Finanz-) Berichterstattung kann die Identifikation von Defiziten im Bereich der Unternehmens- bzw. Organisationskultur nur schwer-

---

160 Vgl. Institut der Wirtschaftsprüfer: Prüfungsstandard PS 980. Grundsätze ordnungsmäßiger Prüfung von Compliance-Management-Systemen, Düsseldorf 2011, Tz. A14, wonach die Compliance-Kultur die Angemessenheit und Wirksamkeit eines CMS maßgeblich prägt.
161 Vgl. Financial Stability Board: Guidance on Supervisory Interaction with Financial Institutions on Risk Culture. A Framework for Assessing Risk Culture, London 2014 sowie Bundesanstalt für Finanzdienstleistungsaufsicht (BaFin): Konsultation 02/2016 – MaRisk-Novelle 2016. Übersendung eines Konsultationsentwurfs, Bonn 18.02.2016, wonach die Verantwortlichen bzw. die Geschäftsleiter von Finanzinstituten explizit zur Entwicklung einer angemessenen Risikokultur verpflichtet werden.
162 Vgl. Institut der Wirtschaftsprüfer: Prüfungsstandard 983. Grundsätze ordnungsmäßiger Prüfung von Internen Revisionssystemen, Düsseldorf 2017, Tz. A19, wonach die Revisionskultur die Grundlage für die Angemessenheit und Wirksamkeit des Internen Revisionssystems darstellt.

lich gewährleisten. Insbesondere die Beurteilung der Wirksamkeit des Compliance-Managements, des Internen Kontrollsystems,[163] des Risikomanagements sowie des Internen Revisionssystems erfordert eine qualifizierte Analyse der Unternehmenskultur.

Der Aufsichtsrat sollte daher ein hohes Interesse an der regelmäßigen Erhebung und Auswertung kultureller Schlüsselindikatoren haben, da diese in hohem Maße über die Identifikation mit dem Unternehmen sowie die Motivation der Organisationsmitglieder Auskunft geben. Hiervon wiederum ist u. a. abhängig, ob Mitarbeiter sich zum Wohle der Organisation einsetzen, lediglich Dienst nach Vorschrift leisten oder im schlechtesten Falle sogar die Organisation schädigen. Dabei können kulturelle Defizite sowohl im Bereich der obersten Führungsebene als auch in den nachgeordneten Hierarchien (z. B. aufgrund ungeeigneter Anreizsysteme) eine Rolle spielen.

Besondere Aufmerksamkeit auf die Unternehmenskultur sowie deren Entwicklung und Gestaltung ist geboten im Rahmen von Management-Wechseln sowie bei M&A-Transaktionen. Bekanntlich erfüllen nach wie vor eine Vielzahl von M&A-Transaktionen nicht die in sie gesetzten Erwartungen oder scheitern sogar. Ursächlich hierfür sind in den meisten Fällen Diskrepanzen in den Unternehmenskulturen oder Management-Fehler im Rahmen der Zusammenführung unterschiedlicher Kulturen. Daneben drohen Compliance-Risiken aufgrund einer möglicherweise nicht compliance-förderlichen Unternehmenskultur im Zielunternehmen, welche im schlimmsten Fall das kaufende Unternehmen direkt treffen oder sogar eine komplette Rückabwicklung der Transaktion bewirken können.[164] Hier kann die Interne Revision beispielsweise in Form von projektbegleitenden Prüfungen oder einer Compliance

---

163 Vgl. Bungartz, O.: Interne Kontrollsyteme (IKS): Basiswissen für den Aufsichtsrat, Berlin 2017.
164 Vgl. Militello, K.; Schewe, G.: Compliance-Risiken im Rahmen von M&A, in: M&A Review Nr. 7–8/2017, S. 233.

Due Diligence involviert werden, um wertvolle Erkenntnisse zur sich anschließenden Steuerung und Überwachung des Integrationsprozesses zu generieren.

*c) Besondere Herausforderung bei der Durchführung von Culture Audits*

Die Durchführung von Prüfungen zur Unternehmens- bzw. Organisationskultur stellt eine besondere Herausforderung für Interne Revisionen dar, da sie ihre Tätigkeit auf neue Prüfungsfelder ausweiten und sich die hierzu erforderlichen Fähigkeiten oftmals erst aneignen müssen. Im Idealfall sollten sich die Internen Revisoren vor diesem Hintergrund zukünftig – über die üblichen Prozess- und Kontrollprüfungen hinaus – mit dem Verhalten der in den Geschäftsprozessen tätigen Akteure auseinandersetzen und dies auch angemessen würdigen.[165] Hierzu werden sich insbesondere Revisionsleiter entsprechende Kenntnisse in den Bereichen Verhaltensökonomie, (Sozial-)Psychologie und Soziologie aneignen müssen, um kulturelle Wertemuster richtig einschätzen und darstellen zu können.

*d) Ansätze zur Prüfungskonzeptionierung und -durchführung*

Neben der Erhebung und der regelmäßigen Analyse der für eine Organisation besonders relevanten „organisationskulturellen Schlüsselindikatoren", wie z. B. Fluktuation, Beteiligung an Mitarbeiterbefragungen und deren Ergebnisse, Anreizsysteme etc. kann es sinnvoll sein, in die Arbeits- bzw. Prüfungsprogramme der Internen Revision standardmäßig Fragestellungen zur Organisationskultur in den zu prüfenden Fachbereichen aufzunehmen.

---

165 Vgl. Eichler, H.: Prüfung der Organisations-/Unternehmenskultur. Möglichkeiten der praktischen Umsetzung durch zielorientierte Prüfungsausrichtung, in: ZIR Nr. 4/2015, S. 153.

Darüber hinaus sollten spezifisch auf die Unternehmens- bzw. Organisationskultur ausgerichtete Prüfungen durchgeführt bzw. beauftragt werden, welche beispielsweise die nachfolgenden Prüfungsziele zum Inhalt haben können:[166]

- Hinterfragung einer bestehenden Grundwerteerklärung (Unternehmensleitbild, Vision, Mission Statement o. ä.) auf tatsächliche Umsetzung in den Geschäftsprozessen;
- Analyse der Organisationskultur in einem neuralgischen Organisations-Teilbereich (z. B. Vertriebskultur in Hinblick auf die Erfüllung des Verhaltenskodex zum Vertrieb von Versicherungsunternehmen);
- Identifikation wesentlicher „Key-Cultural-Indicators" der Organisation, welche zukünftig einer Steuerung und Überwachung zugeführt werden sollen.

Die Durchführung von Prüfungen im Bereich der Unternehmens- bzw. Organisationskultur stellt hohe Anforderungen an Prüfungsplanung, interne Kommunikation, Einbindung der Beteiligten sowie an die Prüfungsmethodik.[167] Beim Einsatz ergänzender Tools, wie z. B. wertemetrischer Verfahren, die personenbezogene Daten zum Inhalt haben, empfiehlt sich die Hinzuziehung des Datenschutzbeauftragten bzw. des Betriebsrats im Vorfeld der Prüfungsdurchführung. Bei Untersuchungen auf der Ebene der Führungskräfte (sog. Management-Audits) sowie auch in Fällen, wo die Expertise in der Internen Revision zur Umsetzung einer qualitativ

---

[166] Vgl. Eichler, H.: Prüfung der Organisations-/Unternehmenskultur. Möglichkeiten der praktischen Umsetzung durch zielorientierte Prüfungsausrichtung, in: ZIR Nr. 4/2015, S. 154.

[167] Vgl. Chartered Institute of Internal Auditors: Culture and the Role of Internal Audit, London 2014; Roth, J.: Best Practices: Evaluating the Corporate Culture, Altamonte Springs 2010; Wendt, M.: Die Prüfung der Unternehmenskultur als Element der Corporate Governance, in: Förschler, D. (Hrsg.): Innovative Prüfungstechniken und Revisionsvorgehensweisen, Frankfurt a. M. 2007, S. 565–579.

hochwertigen Prüfung der Unternehmens- bzw. Organisationskultur nicht ausreichend erscheint, sollten externe Spezialisten in das Prüfungsteam eingebunden werden oder der Revisionsauftrag an unabhängige Dritte ausgelagert werden, um die Interne Revision und deren Beziehung zum Management zu schützen.

## 9.4 IT-Sicherheits-Audits

Das im Jahr 2015 in Kraft getretene Gesetz zur Erhöhung der Sicherheit informationstechnischer Systeme (BSIG) verpflichtet „Betreiber kritischer Infrastrukturen" zur Umsetzung eines Mindestniveaus im Bereich der IT-Sicherheit. Zur Konkretisierung der als „Betreiber von kritischen Infrastrukturen" klassifizierter Unternehmen sind im Mai 2016 (für die Sektoren Energie, Informationstechnik und Telekommunikation, Wasser sowie Ernährung)[168] sowie im Juni 2017 (für die Sektoren Finanz- und Versicherungswesen, Gesundheit sowie Transport und Verkehr)[169] entsprechende Rechtsverordnungen in Kraft getreten.

Die zentrale Anforderung für die „Betreiber kritischer Infrastrukturen" ergibt sich aus § 8 a Abs. 1 BSIG. Danach sind sie verpflichtet, ihre IT nach dem jeweiligen Stand der Technik angemessen abzusichern: „Betreiber kritischer Infrastrukturen sind verpflichtet, spätestens zwei Jahre nach Inkrafttreten der Rechtsverordnung nach § 10 Absatz 1 angemessene organisatorische und technische Vorkehrungen zur Vermeidung von Störungen der

---

168 Vgl. Bundesministerium des Inneren: Verordnung zur Bestimmung Kritischer Infrastrukturen nach dem BSI-Gesetz, Berlin 2016 (für die Sektoren Energie, Informationstechnik und Telekommunikation, Wasser sowie Ernährung).
169 Vgl. Bundesministerium des Inneren: Erste Verordnung zur Änderung der Verordnung zur Bestimmung Kritischer Infrastrukturen nach dem BSI-Gesetz, Berlin 2017 (für die Sektoren Finanz- und Versicherungswesen, Gesundheit sowie Transport und Verkehr).

Verfügbarkeit, Integrität, Authentizität und Vertraulichkeit ihrer informationstechnischen Systeme, Komponenten oder Prozesse zu treffen, die für die Funktionsfähigkeit der von ihnen betriebenen kritischen Infrastrukturen maßgeblich sind. Dabei soll der Stand der Technik eingehalten werden. Organisatorische und technische Vorkehrungen sind angemessen, wenn der dafür erforderliche Aufwand nicht außer Verhältnis zu den Folgen eines Ausfalls oder einer Beeinträchtigung der betroffenen kritischen Infrastruktur steht."

Nach § 8a Abs. 3 BSIG ist die Erfüllung dieser Anforderungen alle zwei Jahre auf geeignete Weise, d. h. durch Sicherheitsaudits, Prüfungen oder Zertifizierungen, nachzuweisen. In der „Orientierungshilfe zu Nachweisen gemäß § 8a (3)" beschreibt das Bundesamt für Sicherheit in der Informationstechnik (BSI) Kriterien, um die Eignung einer prüfenden Stelle und des Prüfteams bewerten zu können. Danach können grundsätzlich auch Interne Revisionen geeignet sein, sofern sie eine erfolgreiche Prüfung der Angemessenheit und Wirksamkeit nach IDW Prüfungsstandard 983 bzw. DIIR Revisionsstandard Nr. 3 nachweisen können.[170]

Unabhängig davon, ob es sich bei einem Unternehmen um einen Betreiber kritischer Infrastruktur handelt bzw. eine Interne Revision als prüfende Stelle im Sinne von § 8a Abs. 3 BSIG in Betracht kommt, ist davon auszugehen, dass das Thema IT-Sicherheit mit Blick auf den durch die Vorgaben des BSI etablierten Maßstab zur Beurteilung der zur Gewährleistung einer angemessenen IT-Sicherheit implementierten Maßnahmen („Stand der Technik") zukünftig für jede Interne Revision einen erheblich größeren Stellenwert bekommt.

---

170 Vgl. Bundesamt für Sicherheit in der Informationstechnik: Orientierungshilfe zu Nachweisen gemäß § 8a (3); Bonn 2017, S. 13, abrufbar unter *https://www.bsi. bund.de/SharedDocs/Downloads/DE/BSI/IT_SiG/Orientierungshilfe_8a_3.pdf?_blob=publicationFile&v=9* (zuletzt abgerufen am 28.07.2017).

## 9.5 Continuous Auditing

> „If there really is to be a real time culture, ex post practices of verification begin to look redundant as compared with the multi-party network of interacting, real time self-auditing elements."[171]

Die angestrebte Risikoorientierung der Internen Revision (vgl. die Ausführungen zur risikoorientierten Prüfungsplanung in Kapitel 2) führt, wenn sie konsequent weitergedacht wird, unmittelbar zur aktuellen Diskussion über die Möglichkeiten und den Mehrwert von Continuous Auditing für die Interne Revision. In Theorie und Praxis wird gegenwärtig noch mit sehr unterschiedlichen Definitionen und Vorstellungen von Continuous Auditing gearbeitet.[172] Im Kern geht es hierbei jedoch um die systematische Nutzung der aufgrund neuer Technologien nunmehr möglichen kontinuierlichen und automatisierten Auswertung von im Unternehmen anfallenden Daten als Grundlage (1) für eine möglichst aktuelle Risikobewertung der Internen Revision, (2) für ein Prüfungsaktivitäten der Internen Revision auslösendes Frühwarnsystem und (3) für kontinuierliche Prüfungsaktivitäten der Internen Revision (Continuous Controls Monitoring).

Die Entwicklung von Good Practices zu diesem Thema ist gegenwärtig noch sehr im Fluss.[173] Das Thema Continuous Auditing enthält indes erhebliches Potenzial für eine Optimierung der Prozesse der Internen Revision. Interne Revisionen, die an der Verbesserung ihrer Wirksamkeit interessiert sind, sollten das Thema daher proaktiv aufgreifen, auch wenn es einige kritische Abgrenzungsfragen insbesondere zum Controlling bzw. zum Risikomanagement aufwirft.

---

171 Vgl. Power, M.: The Audit Society. Rituals of Verification, London 1997, S. 146.
172 Vgl. Institute of Internal Auditors (IIA): Global Technology Audit Guide (GTAG) 3 Coordinating, Continuous Auditing and Monitoring to Provide Continuous Assurance, 2th eds 2015.
173 Vgl. Bauch, M.; Bönner, A.; Flohr, S.; Gorschenin, E.; Kriegelstein-Sternfeld, H.: Antwort der Revision auf komplexere Prüfungsanforderungen: Continuous Auditing, in: ZIR Nr. 3/2017, S. 130–139.

# 10. Die Interne Revision als Themenfeld des Aufsichtsrats

## 10.1 Grundlagen

Nach § 107 Abs. 3 S. 2 AktG obliegt dem Aufsichtsrat die Überwachung der Wirksamkeit der Internen Revision. Diese Aufgabe wird nach dem Gesetzestext dem Prüfungsausschuss des Aufsichtsrats zugeordnet. Für den Fall, dass kein Prüfungsausschuss existiert, obliegt diese Aufgabe nach der Gesetzesbegründung zur Einführung des Bilanzrechtsmodernisierungsgesetzes (BilMoG) im Jahr 2009 dem Gesamtaufsichtsrat. Dieses folgt bereits aus der gemäß § 111 Abs. 1 AktG dem Aufsichtsrat obliegenden Aufgabe zur Überwachung der Geschäftsführung des Vorstandes, welche die Rechtmäßigkeit sowie die Ordnungsmäßigkeit, Zweckmäßigkeit und Wirtschaftlichkeit des Handelns des Leitungsorgans umfasst und sich somit auch auf die Interne Revision bezieht, sofern eine Interne Revision in Unternehmen von der Unternehmensleitung eingerichtet worden ist.[174] Für Aufsichts- bzw. Verwaltungsräte in Banken und sonstigen Finanzdienstleistungsunternehmen wurde eine entsprechende Verpflichtung in § 25 d Abs. 9 Nr. 2 KWG festgeschrieben.

Auf der Ebene unterhalb des Gesetzes enthalten sowohl der Deutsche Corporate Governance Kodex (DCGK) für kapitalmarkt-

---

174 Vgl. Hucke, A.; Münzenberg, T.: Recht der Revision, Berlin 2015, S. 126.

orientierte Unternehmen sowie zahlreiche Public Corporate Governance Kodizes von Bund, Ländern und Kommunen für öffentliche Unternehmen dem § 107 Abs. 3 S. 2 AktG entsprechende Regelungen. Der DCGK enthält in der Fassung vom 7. Februar 2017 unter Ziffer 5.3.2 folgende Regelung: „Der Aufsichtsrat soll einen Prüfungsausschuss einrichten, der sich – soweit kein anderer Ausschuss damit betraut ist – insbesondere mit der Überwachung (…) des internen Revisionssystems (…) befasst."[175]

Für den Bereich der öffentlichen Unternehmen sei beispielhaft die Regelung unter Ziffer 7.4.3 im Leipziger Corporate Governance Kodex zitiert: „Wurde durch den Aufsichtsrat ein Finanz- oder Prüfungsausschuss eingerichtet, soll sich dieser insbesondere befassen mit: (…) der Wirksamkeit des internen Kontrollsystems, Risikomanagementsystems, internen Revisionssystems sowie mit Fragen der Compliance/Regelüberwachung (…)."[176]

## 10.2 Ausgestaltung der Überwachungstätigkeit des Aufsichtsrats hinsichtlich der Internen Revision

Im deutschen System der Corporate Governance ist die Interne Revision grundsätzlich allein dem Leitungsorgan gegenüber berichtspflichtig. Ausgehend von regulatorischen Vorgaben für den Bereich der Finanzdienstleistungsunternehmen beginnt sich jedoch zunehmend auch in Deutschland eine stärkere Berichterstattung der Internen Revision an den Aufsichtsrat (sogenannte „dotted

---

175 Vgl. Regierungskommission Corporate Governance: Deutscher Corporate Governance Kodex in der Fassung vom 7. Februar 2017, S. 10, abrufbar unter http://www.dcgk.de//files/dcgk/usercontent/de/download/kodex/170424_Kodex.pdf (zuletzt abgerufen am 28.07.2017).
176 Vgl. Stadt Leipzig: Leipziger Corporate Governance Kodex, Dezember 2013, S. 17; abrufbar unter *https://publicgovernance.de/docs/Leipziger_Corporate_Governance_Kodex.pdf* (zuletzt abgerufen am 28.07.2017).

line") durchzusetzen. Der in einer solchen Berichterstattung liegende (mögliche) Mehrwert für die Überwachungstätigkeit des Aufsichtsrats wird in vielen Unternehmen gerade erst entdeckt.

Vor diesem Hintergrund hat das DIIR im Jahr 2014 das Positionspapier „Die Interne Revision im Spannungsfeld zwischen Vorstand und Aufsichtsrat" veröffentlicht, welches insbesondere auf die speziellen Anforderungen im dualistischen deutschen System mit der Zuordnung der Geschäftsführungsaufgaben zur Unternehmensleitung und der Überwachungsaufgaben zum Aufsichtsorgan eingeht.[177] In seinem Positionspapier vertritt das DIIR die Auffassung, „dass durch eine strukturierte Gestaltung der Kommunikationswege auch die Informationsbedürfnisse des Aufsichtsrats angemessen abgedeckt werden können und so der Aufsichtsrat bei der Erfüllung der an ihn gestellten gesetzlichen Anforderungen eine erhebliche Unterstützung erfährt. Die Interne Revision kann aufgrund ihrer Überwachungsfunktion wesentlich dazu beitragen, neben ihrer Unterstützungsaufgabe für den Vorstand auch die Haftungsrisiken des Aufsichtsrats zu minimieren und die Unternehmensüberwachung zu verbessern. Hierzu müssen geeignete Rahmenbedingungen geschaffen werden."[178]

Das Positionspapier enthält diverse Empfehlungen zur möglichen praktischen Ausgestaltung des Verhältnisses zwischen Interner Revision und Aufsichtsrat. Hervorzuheben sind insbesondere folgende Aspekte:[179]

---

[177] Vgl. Deutsches Institut für Interne Revision (Hrsg.): Positionspapier – Die Interne Revision im Spannungsfeld zwischen Vorstand und Aufsichtsrat, Frankfurt a. M. 2014.

[178] Vgl. Deutsches Institut für Interne Revision (Hrsg.): Positionspapier – Die Interne Revision im Spannungsfeld zwischen Vorstand und Aufsichtsrat, Frankfurt a. M. 2014, S. 4.

[179] Vgl. Deutsches Institut für Interne Revision (Hrsg.): Positionspapier – Die Interne Revision im Spannungsfeld zwischen Vorstand und Aufsichtsrat, Frankfurt a. M. 2014, S. 10–13.

- „Die Beziehung zwischen Interner Revision und Aufsichtsrat bzw. Prüfungsausschuss sollte formal geregelt werden. Dabei ist die disziplinarische Zuordnung der Internen Revision zum Vorstand zu beachten."
- „Für die direkte Kommunikation der Internen Revision mit dem Aufsichtsrat bestehen unterschiedliche Ansatzpunkte, wobei jeweils zu entscheiden ist, ob das gesamte Aufsichtsorgan, der Prüfungsausschuss oder für bestimmte Aspekte nur der Vorsitzende Kommunikationspartner bzw. Adressat der Internen Revision ist."
- „Mindestens einmal jährlich, z. B. anlässlich des Jahresberichts, ggf. aber auch grundsätzlich und zumindest teilweise sollte der Leiter der Internen Revision an Sitzungen des Prüfungsausschusses teilnehmen und die Interne Revision Gegenstand der Tagesordnung sein. Neben Prüfungsergebnissen kann hier auch die Jahresprüfungsplanung diskutiert werden."
- „Neben formellen Interviews des Leiters Interne Revision durch den Aufsichtsrats- oder Prüfungsausschussvorsitzenden sind auch Auskunftsersuchen an den Leiter der Internen Revision denkbar. Informelle Gespräche zwischen dem Aufsichtsrats- oder Prüfungsausschussvorsitzenden und dem Leiter der Internen Revision werden anlassbezogen empfohlen."

Des Weiteren werden die Weiterleitung von Prüfungs- und Follow-Up-Berichten, des Jahresberichts der Internen Revision sowie der Berichterstattung zum internen Qualitätsmanagement der Internen Revision an das Aufsichtsorgan sowie die Dokumentation des Informationsaustausches zwischen Interner Revision und Aufsichtsorgan empfohlen. Insbesondere die im Folgenden aufgeführten (möglichen) Inhalte eines Jahresberichts der Internen Revision können den Aufsichtsrat bei der Wahrnehmung seiner allgemeinen Überwachungsaufgabe sowie bei der Überwachung

der Wirksamkeit der Internen Revision i. S. von § 107 Abs. 3 S. 2 AktG[180] unterstützen:
- Aktuelle Entwicklungen in der Internen Revision;
- Veränderungen der Aufbauorganisation und Prozesse der Internen Revision;
- Bestätigung der organisatorischen Unabhängigkeit, der persönlichen Objektivität und der Einhaltung des Ethikkodex;
- Darstellung der qualitativen und quantitativen Personalausstattung sowie der Einbindung von externer Prüfungsunterstützung;
- Darstellung der Weiterbildung der Internen Revisoren im Berichtszeitraum;
- Bestätigung der Einhaltung des Jahresprüfungsplanes bzw. Darstellung der im Jahresverlauf eingetretenen Veränderungen;
- Aussagen zur Einschätzung der Angemessenheit und/oder Wirksamkeit des Compliance-Management-Systems, des Risikomanagementsystems sowie des Internen Kontrollsystems;
- Darstellung der Prüfungsschwerpunkte, der wesentlichen getroffenen Feststellungen sowie der festgelegten Umsetzungsmaßnahmen im Berichtszeitraum;
- Erledigungsstatistik zu den im Berichtszeitraum getroffenen bzw. zu Beginn des Berichtszeitraums noch offenen Feststellungen bzw. umzusetzenden Maßnahmen (Follow-Up);
- Berichterstattung zu den von der Internen Revision durchgeführten Sonderprüfungen bzw. investigativen Sonderuntersuchungen;
- Darstellung der Ergebnisse externer bzw. revisionsinterner Qualitätsreviews sowie der Entwicklung der Kennziffern bzw. qualitativen Indikatoren des revisionsinternen Qualitätsmanagements;
- Prüfungsplanung für das kommende Geschäftsjahr.

---

180 Vgl. Bünis, M.; Gossens, T.: Das 1 x 1 der Internen Revision. Bausteine eines erfolgreichen Revisionsprozesses, Berlin 2016, S. 165–166.

Eine Umsetzung dieser Empfehlungen setzt im deutschen System der Corporate Governance die Zustimmung des Leitungsorgans voraus und sollte schon deshalb sowohl in der Informationsordnung des Aufsichtsrats als auch in der Geschäftsordnung der Internen Revision klar geregelt werden.

Weitergehende Empfehlungen mit Bezug zur Internen Revision im Rahmen der „Überwachung interner Kontroll- und Risikomanagementsysteme und der internen Revision" (Abschnitt 4.4) durch den Aufsichtsrat enthält die im Jahr 2015 veröffentlichte DIN SPEC 33456 „Leitlinien für Geschäftsprozesse in Aufsichtsgremien."[181]

## 10.3 Die Interne Revision als Aspekt im Rahmen der Effizienzprüfung des Aufsichtsrats

> *„Most people want to be part of a team. But groupthink can be dangerous, and the team can be like a herd of bison follow one after another over the cliff's edge."*[182]

Aus dem angloamerikanischen Bereich stammend, hat sich inzwischen auch in Deutschland zumindest im Bereich der kapitalmarktorientierten Unternehmen die Praxis durchgesetzt, dass Aufsichtsräte in regelmäßigen Abständen in Form einer Selbstevaluierung die

---

181 Vgl. Deutsches Institut für Normung: DIN SPEC 33456: Leitlinien für Geschäftsprozesse in Aufsichtsgremien, Berlin 2015, S. 38–48.
182 Vgl. Cooper, C.: Extraordinary Circumstances. The Journey of a Corporate Whistleblower, New Jersey 2008, S. 366.

Effizienz ihrer Tätigkeit überprüfen.[183] Im Rahmen des Deutschen Corporate Governance Kodex wird die Anforderung unter Ziffer 5.6 wie folgt formuliert: Der Aufsichtsrat soll regelmäßig die Effizienz seiner Tätigkeit überprüfen."[184]

Auch im Bereich der öffentlichen Unternehmen spielt diese Anforderung aufgrund entsprechender Vorgaben in den Public Corporate Governance Kodizes eine zunehmende Rolle. Beispielhaft sei an dieser Stelle auf Ziffer 4.2.4 des Public Corporate Goverance Kodex des Landes Nordrhein-Westfalen hingewiesen: „Das Überwachungsorgan und seine etwaigen Ausschüsse sollen regelmäßig die Qualität und Effizienz ihrer Tätigkeiten überprüfen. Das Überwachungsorgan soll die Umsetzung der hierzu von ihm beschlossenen Maßnahmen überwachen."[185] Im Bereich der Banken ist eine jährliche Effizienzprüfung inzwischen sogar gesetzlich vorgeschrieben (vgl. § 25 d Abs. 11 Nr. 3 und 4 KWG).

In der Praxis erfolgt die Selbstevaluierung des Aufsichtsrats vielfach mit Unterstützung externer Spezialisten, die insbesondere die Sichtweise der einzelnen Aufsichtsratsmitglieder interviewbasiert oder in Form eines von den Aufsichtsratsmitgliedern (anonym) auszufüllenden Fragebogens erheben. In diesem Rahmen bietet es sich an, auch geeignete Fragen mit Bezug zur Internen Revision aufzu-

---

183 Zur Effizienzprüfung vgl. Hans-Böckler-Stiftung: Die Effizienzprüfung des Aufsichtsrats. Ein Leitfaden zur Evaluation, 2. Aufl., Düsseldorf 2011; Welge, M. K.; Eulerich, M.: Corporate-Governance-Management. Theorie und Praxis der guten Unternehmensführung, Wiesbaden 2012, S. 210–217.

184 Vgl. Regierungskommission Corporate Governance: Deutscher Corporate Governance Kodex in der Fassung vom 7. Februar 2017, S. 13, abrufbar unter *http://www.dcgk.de//files/dcgk/usercontent/de/download/kodex/170424_Kodex.pdf* (zuletzt abgerufen am 28.07.2017).

185 Vgl. Finanzministerium NRW: Public Corporate Governance Kodex NRW, Düsseldorf 2013, S. 12, abrufbar unter *https://www.finanzverwaltung.nrw.de/de/public-corporate-governance-kodex-des-landes-nordrhein-westfalen* (zuletzt abgerufen am 28.07.2017).

nehmen. Im Folgenden werden beispielhaft einige Fragen bzw. abgefragte Einschätzungen mit Bezug zur Internen Revision genannt, die – in einer auf die Besonderheiten des jeweiligen Unternehmens angepassten Form – an Aufsichtsratsmitglieder im Rahmen einer Effizienzprüfung adressiert werden könnten:

(1) Bitte schätzen Sie ein, inwieweit die Aussage zutrifft, dass der Aufsichtsrat in geeigneter Weise über das Themenfeld Internes Revisionssystem informiert wird (Bewertungskriterien: trifft vollständig zu, trifft eher zu, trifft teilweise zu, trifft eher nicht zu, trifft nicht zu).

(2) Bitte schätzen Sie ein, inwieweit nach Ihrer Auffassung die im Folgenden genannten Informationsquellen als Grundlage für die Einschätzung der Wirksamkeit der Internen Revision geeignet sind: (a) die entsprechenden Informationen und Erläuterungen des Vorstands, (b) die Informationen und Erläuterungen des Revisionsleiters, (c) die Berichterstattung des Abschlussprüfers, (d) die Berichterstattung über die durch einen externen Prüfer durchgeführte Prüfung der Wirksamkeit des Internen Revisionssystems (Bewertungskriterien für (a) – (d): sehr geeignet, eher geeignet, teilweise geeignet, eher nicht geeignet, nicht geeignet).

(3) Bitte schätzen Sie ein, inwieweit die Aussage zutrifft, dass der Aufsichtsrat in geeigneter Weise auch durch Hinzuziehung von Personen, die Schlüsselpositionen in der Governance-Organisation des Unternehmens bekleiden, informiert wird: (a) Chief Compliance Officer, (b) Revisionsleiter, (c) Leiter Risikomanagement (Bewertungskriterien für (a) bis (c): trifft vollständig zu, trifft eher zu, trifft teilweise zu, trifft eher nicht zu, trifft nicht zu).

## 10.4 Generierung von Impulsen für die Weiterentwicklung der Internen Revision – „Governance-Dialog"

> *„Der Dialog ermöglicht nicht nur, ein Klima für effektives interpersonales Lernen zu schaffen, möglicherweise ist er sogar der einzige Weg, interpersonale Konflikte zu lösen, wenn solche Konflikte von verschiedenen Annahmen und verschiedenen semantischen Definitionen ausgehen."*[186]

In der Unternehmenspraxis beginnt sich zunehmend die Erkenntnis durchzusetzen, dass die Wirksamkeit von Risikomanagement, Compliance-Management, Internem Kontrollsystem und Internem Revisionssystem als der wesentlichen Elemente der Governance-Organisation zentral von der bestehenden Unternehmens- bzw. Organisationskultur abhängig ist. Von besonderer Relevanz für die Entwicklung der Unternehmens- bzw. Organisationskultur ist nach allgemeiner Auffassung der vom obersten Leitungsgremium ausgehende und von den Organisationsmitgliedern wahrgenommene „Tone from the Top".

Dieses lässt sich am Beispiel der Revisionskultur gut veranschaulichen. Angelehnt an international anerkannte Definitionen der Unternehmenskultur und der Sicherheitskultur kann die Revisionskultur eines Unternehmens wie folgt definiert werden: *„Die Revisionskultur ist das Ergebnis einer fortlaufenden Kommunikation von Organisationsmitgliedern mit individuellen und kollektiven An-*

---

[186] Vgl. Schein, E. H.: Prozessberatung für die Organisation der Zukunft, 3. Aufl., Bergisch-Gladbach 2010, S. 252.

*nahmen, Einstellungen und Verhaltensmustern. Diese bestimmen über die Akzeptanz der Internen Revision sowie über deren Leistungsfähigkeit und Wirksamkeit. Kennzeichnend für Organisationen mit einer starken Revisionskultur ist eine Kommunikation, die auf einer gemeinsamen Auffassung bezüglich der großen Bedeutung der Internen Revision und auf dem Vertrauen in die Effizienz und Objektivität der Revisionstätigkeit gründet."*[187]

Bei der Revisionskultur als einer spezifischen Perspektive auf das Phänomen Unternehmenskultur geht es also im Kern um die auf die Tätigkeit der Internen Revision abzielende Kommunikation in einem Unternehmen. Es versteht sich von selbst, dass in diesem Zusammenhang die vom obersten Leitungsgremium ausgehenden Aussagen und Verhaltensweisen von ganz besonderer Bedeutung („Tone from the Top") sind. Somit sollte das entsprechende Verhalten der Mitglieder des Leitungsgremiums auch im besonderen Fokus des Aufsichtsrats stehen. Für die Aufsichtsratsmitglieder sind somit Kenntnisse der an ein sachgerechtes Kommunikationsverhalten des Leitungsgremiums sowie des Revisionsleiters zu stellenden Anforderungen von zentraler Bedeutung für die angemessene Ausübung ihrer Überwachungsfunktion.[188] Diese Kenntnisse allein reichen indes für eine wirksame Überwachung nicht aus. Da das relevante Kommunikationsverhalten des Leitungsgremiums für die Aufsichtsratsmitglieder weitgehend nicht direkt beobachtbar ist,

---

187 Vgl. Weick, K.E.; Sutcliffe, K.M.: Das Unerwartete managen, Stuttgart 2003, S. 144; Wendt, M.: Compliance-Kultur – Grundlagen und Evaluierung, in: Hauschka, C.E.; Moosmayer, K.; Lösler, T. (Hrsg.): Corporate Compliance. Handbuch der Haftungsvermeidung im Unternehmen, 3. Aufl., München 2016, S. 293.
188 Vgl. Buderath, H.M.: Kommunikation des Wertbeitrags der Internen Revision, in: Buderath, H.M.; Herzig, A.; Köhler, A.G.; Pedell, B. (Hrsg.): Wertbeitrag der Internen Revision. Messung, Steuerung und Kommunikation, Stuttgart 2010, S. 149–173.

erscheint insbesondere die Entwicklung einer gemeinsamen Wahrnehmung hinsichtlich der Wirksamkeit der Governance-Organisation im Dialog zwischen Überwachungs- und Leitungsgremium als ein sinnvoller und zudem die Überwachungs- mit der Beratungsaufgabe des Aufsichtsgremiums verbindender Ansatz.

Für einen solchen Dialogprozess bedarf es geeigneter Arbeitsformate und Inhalte. Als Arbeitsformat bietet sich in erster Linie ein professionell moderierter Workshop an. Als Inhalte kommen insbesondere die für das Thema Governance-Organisation (und damit auch für das Interne Revisionssystem) relevanten Ergebnisse von durchgeführten Mitarbeiterbefragungen sowie von internen und externen Evaluierungen der Governance-Organisation in Betracht. Ziel des professionell moderierten Workshops sollte es sein, die im Teilnehmerkreis bestehenden unterschiedlichen Wahrnehmungen im Hinblick auf die Wirksamkeit der Governance-Organisation für die Teilnehmer des Workshops erkennbar und damit auch besprechbar zu machen, um auf dieser Grundlage eine gemeinsame Wahrnehmung hinsichtlich des Ist- sowie des gewünschten Soll-Zustandes zu erarbeiten sowie geeignete Maßnahmen bzw. Vereinbarungen abzuleiten. Der konkrete Ablauf eines solchen „Governance-Dialoges" kann wie in Abb. 9 ersichtlich dargestellt werden.

Im Rahmen eines solchen dialogischen Workshop-Settings können die für alle Teilnehmer erkennbar werdenden unterschiedlichen Wahrnehmungen der Governance-Organisation bei den Mitgliedern des Leitungsgremiums zur Einsicht in die Notwendigkeit einer Anpassung des „Tone from the Top" und darüber hinaus zur Identifikation von weiteren Maßnahmen führen. Hier zeigt sich auch eine spezifische Stärke des deutschen Aufsichtsratsmodells. Diese besteht darin, dass die Arbeitnehmervertreter im Aufsichtsrat gerade die für die Wirksamkeit der Governance-Organisation besonders wichtige Wahrnehmung der Mitarbeiter hinsichtlich der in der Praxis tatsächlich bestehenden („gelebten")

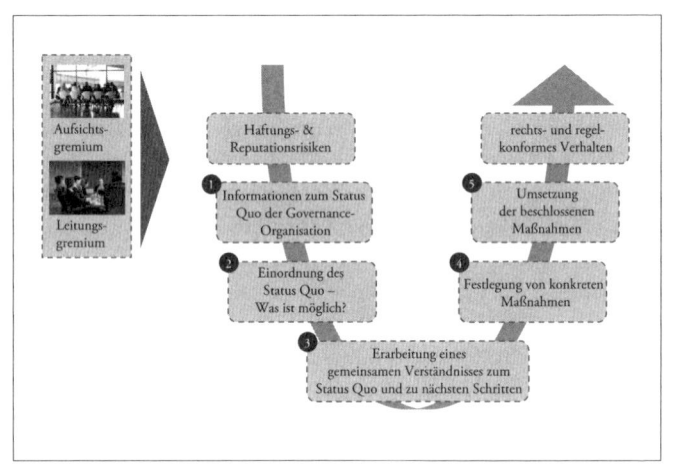

*Abb. 9: Governance-Dialog, eigene Darstellung, angelehnt an Scharmer, 2007*[190]

Unternehmenskultur gleichsam in persona mit in den „Governance-Dialog" einbringen.

Durch die professionelle Moderation eines „Governance-Dialoges" zwischen Aufsichtsrat und Vorstand kann zudem der Entwicklung eines dysfunktionalen „Groupthink"-Phänomens in Aufsichtsräten, d.h. einer Tendenz von Gremienmitgliedern, sich einer vermuteten Mehrheitsmeinung im Gremium im Laufe der Zeit immer stärker anzupassen, wirkungsvoll begegnet werden.[190]

---

189 Vgl. Scharmer, C.O.: Theory U. Leading from the Future as It Emerges, Cambridge/Mass. 2007.
190 Vgl. hierzu Grundei, J.; Graumann, M.: Was behindert offene Diskussion im Aufsichtsrat?, in: Der Aufsichtsrat Nr. 6/2011, S. 86–88; Watzka, K.: Groupthink in Aufsichtsräten, in: Der Aufsichtsrat Nr. 7–8/2009, S. 106–107.

# 11. Fazit: Aufsichtsrat und Interne Revision – zehn Thesen zur Entwicklung von Good Practices

> *„Die fundierte Fachkompetenz der Internen Revision zu nutzen, ohne ihre Objektivität zu gefährden – im Gelingen dieses Spagats erweist sich die Qualität einer modernen Internen Revision."*[191]

Unser Blick aus der Perspektive des Aufsichtsrats auf aktuelle Entwicklungen der Internen Revision hat dazu geführt, dass sich das zunehmende Interesse für Aspekte der Unternehmenskultur als das (potenziell) verbindende Element zwischen dem Aufsichtsrat und der Internen Revision herauskristallisiert hat. Sowohl der Aufsichtsrat im Rahmen seiner Überwachungstätigkeit als auch die Interne Revision im Rahmen ihrer Prüfungstätigkeit entdecken zunehmend Aspekte der Unternehmenskultur wie die Compliance-Kultur, die Risikokultur oder die Sicherheitskultur als wichtige Ressourcen für die Erhöhung der Wirksamkeit ihrer Überwachungs- bzw. Prüfungstätigkeit. Sowohl der Aufsichtsrat als auch die Interne Revision sind aufgerufen, die Wirksamkeit ihrer Tätigkeit unter den Gesichtspunkten der Effizienz der Überwachungstätigkeit bzw. der Stärke der Revisionskultur regelmäßig selbst zu reflektieren.

---

[191] Vgl. Schipporeit, E.: Anforderungen an die Qualität der Internen Revision aus Sicht des Prüfungsausschusses, in: Audit Committee Institut e. V. (Hrsg.): Audit Committee Quarterly. Qualität der Internen Revision, Berlin 2016, S. 6.

*Fazit: Aufsichtsrat und Interne Revision*

Vor diesem Hintergrund sollen im Folgenden einige teilweise schon umgesetzte, teilweise in ersten Ansätzen bereits erkennbare Schritte zur Entwicklung von Good Practices in der Kooperation zwischen Aufsichtsrat und Interner Revision in Form von **zehn Thesen** skizziert werden.

These 1: Die Interne Revision ist eine bislang noch weitgehend unerschlossene Ressource für die Überwachungstätigkeit des Aufsichtsrats. Am weitesten fortgeschritten ist die Kooperation zwischen Aufsichtsrat und Interner Revision derzeit im Bankenbereich aufgrund entsprechender regulatorischer Vorgaben.

These 2: Die durch § 107 Abs. 3 S. 2 AktG explizit hervorgehobene Verpflichtung des Aufsichtsrats zur Überwachung der Wirksamkeit der Internen Revision strahlt zunehmend auf einen weiteren Kreis von Unternehmen aus. Hierzu zählen auch öffentliche Unternehmen aufgrund entsprechender Vorgaben in (kommunalen) Public Corporate Governance Kodizes sowie international ausgerichtete mittelständische Unternehmen.

These 3: Der im Jahr 2017 vom Institut der Wirtschaftsprüfer veröffentlichte Prüfungsstandard 983 bzw. der inhaltlich nahezu deckungsgleiche DIIR Revisionsstandard Nr. 3 eröffnen Unternehmen und Mitgliedern von Aufsichts- und Leitungsorganen die Möglichkeit, in professioneller Weise einen Nachweis zur Wirksamkeit der Internen Revision zu führen.

These 4: Grundlegend für die Funktionsfähigkeit der Internen Revision ist ihre möglichst weitgehende Unabhängigkeit von den von ihr zu prüfenden Fachbereichen. Die Unabhängigkeit der Internen Revision wird gefördert durch das Interesse des Aufsichtsrats an der Arbeitsweise und den Arbeitsergebnissen der Internen Revision sowie durch direkte Kontakte des Aufsichtsrats mit dem Revisionsleiter.[192]

---

192 Vgl. hierzu auch Breuer, S.; Nikitina, V.: Einrichtung und Überwachung der Internen Revision, in: Der Konzern Nr. 12/2015, S. 544.

**These 5:** Dem entsprechend sollte auch die Beauftragung einer Wirksamkeitsprüfung der Internen Revision nach dem IDW Prüfungsstandard 983 bzw. nach dem DIIR Revisionsstandard Nr. 3 vom Aufsichtsrat eng begleitet werden. Zur Vermeidung von Interessenkonflikten auf der Seite des Prüfers sollte der Jahresabschlussprüfer eines Unternehmens nicht mit der Durchführung einer Wirksamkeitsprüfung beauftragt werden.

**These 6:** Zentral für die nachhaltige Wirksamkeit der Internen Revision ist eine starke Revisionskultur, d.h. eine Unternehmenskultur, welche die Tätigkeit der Internen Revision unterstützt und wertschätzt. Die Revisionskultur stellt daher ein zentrales Element einer Wirksamkeitsprüfung des Internen Revisionssystems dar.

**These 7:** Die Revisionskultur eines Unternehmens ist das Ergebnis einer fortlaufenden Kommunikation von Mitarbeitern des Unternehmens mit individuellen und kollektiven Annahmen, Einstellungen und Verhaltensmustern. Diese bestimmen über die Akzeptanz der Internen Revision eines Unternehmens sowie über deren Wirksamkeit. Kennzeichnend für Unternehmen mit einer starken Revisionskultur ist eine Kommunikation, die auf einer gemeinsamen Auffassung bezüglich der großen Bedeutung einer unabhängigen Prüfung aller Unternehmensprozesse und auf dem Vertrauen in die Effizienz und die Objektivität der Prüfungstätigkeit der Internen Revision gründet.[193]

**These 8:** Der Aufsichtsrat sollte sich im Rahmen seiner Überwachung der Wirksamkeit der Internen Revision insbesondere durch die Auswertung und Diskussion der regelmäßigen Be-

---

[193] Zu den verschiedenen Perspektiven auf das Phänomen Unternehmens- bzw. Organisationskultur und zur (analogen) Ableitung einer Definition für Compliance-Kultur vgl. Wendt, M.: Compliance-Kultur – Grundlagen und Evaluierung, in: Hauschka, C.E; Moosmayer, K., Lösler, T. (Hrsg.): Corporate Compliance. Handbuch der Haftungsvermeidung im Unternehmen, 3. Aufl., München 2016, S. 273–296.

*Fazit: Aufsichtsrat und Interne Revision*

richterstattung der Internen Revision sowie durch das Adressieren geeigneter Fragen an das Leitungsorgan, an den Revisionsleiter und an weitere relevante Stakeholder einen eigenen Eindruck von der Angemessenheit und Wirksamkeit der Internen Revision und insbesondere von der Beschaffenheit der Revisionskultur sowie von der revisionsinternen Organisationskultur in dem von ihm beaufsichtigten Unternehmen verschaffen.

**These 9:** Die Diskussion von Aspekten der Unternehmenskultur wird von Aufsichtsräten zunehmend als ein wichtiges Themenfeld einer an Effizienz und Effektivität ausgerichteten Überwachungstätigkeit entdeckt.[194] Diese Entwicklung hat auch zur Folge, dass die Qualität der Überwachungstätigkeit des Aufsichtsrats zunehmend von einer spezifischen Eigenschaft des deutschen Aufsichtsratsmodells profitieren kann. Durch die Arbeitnehmervertreter im Aufsichtsrat kann die für unternehmenskulturelle Fragestellungen maßgebliche Wahrnehmung der Mitarbeiter hinsichtlich der in der Praxis tatsächlich bestehenden ("gelebten") Unternehmenskultur gleichsam in persona mit in die Diskussion des Aufsichtsrats eingebracht werden.

**These 10:** Eine für die Wahrnehmung von Aspekten der Unternehmenskultur sensibilisierte Interne Revision kann den Aufsichtsrat insbesondere bei seinen Aufgaben der Überwachung der Risikokultur (als zentrales Element eines wirksamen Risikomanagementsystems) sowie der Überwachung der Compliance-Kultur (als zentrales Element eines wirksamen Compliance-Management-Systems) wirkungsvoll unterstützen und damit einen signifikanten Mehrwert für die Qualität der Überwachungstätigkeit des Aufsichtsrats leisten.

---

194 Vgl. Arbeitskreis Externe und Interne Überwachung der Unternehmung der Schmalenbach-Gesellschaft für Betriebswirtschaft e. V.: Ansatzpunkte für den Aufsichtsrat zur Reduzierung von Überwachungsintensität und -kosten mittels einer guten Unternehmenskultur, in: DB 1/2014, S. 73–76.

# LITERATURVERZEICHNIS

Albinus-Leupold, S.: Qualitätsmanagement im Revisionsprozess. Verbesserte Effektivität in der Internen Revision, Berlin 2012.

Amling, T.; Bantleon, U.: Interne Revision – Grundlagen, Normen und Tätigkeitsfelder, in: Amling, T.; Bantleon, U. (Hrsg.): Praxis der Internen Revision, Berlin 2012, S. 13–42.

Arbeitskreis Externe und Interne Überwachung der Unternehmung der Schmalenbach-Gesellschaft für Betriebswirtschaft e. V.: Ansatzpunkte für den Aufsichtsrat zur Reduzierung von Überwachungsintensität und -kosten mittels einer guten Unternehmenskultur, in: DB 1/2014, S. 73–76.

Bauch, M.; Bönner, A.; Flohr, S.; Gorschenin, E.; Kriegelstein-Sternfeld, H.: Antwort der Revision auf komplexere Prüfungsanforderungen: Continuous Auditing, in ZIR Nr. 3/2017, S. 130–139.

Barnard, C. I.: The Functions of the Executive, Cambridge MA 1938/1968.

Bay, K. C. (Hrsg.): Handbuch Internal Investigations, Berlin 2013, S. 215–231.

Behringer, S.: Compliance für Aufsichtsräte, Berlin 2016.

Berwanger, J.; Kullmann, S.: Interne Revision. Funktion, Rechtsgrundlagen und Compliance, 2. Aufl., Wiesbaden 2012.

Besl, F.: Zusammenarbeit Interne Revision mit externen Beratern, in: Bay, K. C.: Handbuch Internal Investigations, Berlin 2013, S. 215–231.

Breuer, S.; Nikitina, V.: Einrichtung und Überwachung der Internen Revision, in: Der Konzern Nr. 12/2015, S. 537–544.

Buderath, H. M.: Kommunikation des Wertbeitrags der Internen Revision, in: Buderath, H. M.; Herzig, A.; Köhler, A. G.; Pedell, B. (Hrsg.): Wertbeitrag der Internen Revision. Messung, Steuerung und Kommunikation, Stuttgart 2010, S. 149–173.

Bünis, M.; Gossens, T.: Unabhängigkeit und Objektivität: Grundsteine einer effektiven Revisionsarbeit, in: ZIR 3/2017, S. 116–129.

Bünis, M.; Gossens, T.: Das 1 x 1 der Internen Revision. Bausteine eines erfolgreichen Revisionsprozesses, Berlin 2016.

*Literaturverzeichnis*

Bünis, M.; Gossens, T.: Modernes Follow-Up – Der Turbo für den Mehrwert der Internen Revision, in: ZIR 1/2014, S. 24–32.
Bünis, M.; Gossens, T.: Ein praktischer Ansatz zur risikoorientierten Prüfungsplanung – Der Nachweis der risikoorientierten Planung kann trotz Beschränkungen in der Prüferkapazität gelingen, in: ZIR 6/2011, S. 311–317.
Bundesamt für Sicherheit in der Informationstechnik Bundesamt für Sicherheit in der Informationstechnik: Orientierungshilfe zu Nachweisen gemäß § 8a (3); Bonn 2017, S. 13, abrufbar unter https://www.bsi.bund.de/SharedDocs/Downloads/DE/BSI/IT_SiG/Orientierungshilfe_8a_3.pdf?__blob=publicationFile&v=9 (zuletzt abgerufen am 28.07.2017).
Bundesanstalt für Finanzdienstleistungsaufsicht (BaFin): Konsultation 02/2016 – MaRisk-Novelle 2016. Übersendung eines Konsultatationsentwurfs, Bonn 18.02.2016.
Bundesanstalt für Finanzdienstleistungsaufsicht (BaFin): Anschreiben zum Rundschreiben 10/2012 (BA) – Mindestanforderungen an das Risikomanagement (MaRisk), Bonn/Frankfurt a. M., 14.12.2012.
Bundesanstalt für Finanzdienstleistungsaufsicht (BaFin): Rundschreiben 10/2012 (BA) – Mindestanforderungen an das Risikomanagement (MaRisk), Bonn/Frankfurt a. M., 14.12.2012.
Bundesanstalt für Finanzdienstleistungsaufsicht (BaFin): Rundschreiben 3/2009 – Aufsichtsrechtliche Anforderungen an das Risikomanagement (MaRisk VA), Bonn 2009, S. 37–41.
Bundesaufsichtsamt für das Kreditwesen: Schreiben vom 28. Mai, 1976.
Bundesministerium des Inneren: Empfehlungen für Interne Revisionen in der Bundesverwaltung, Berlin 2008.
Bungartz, O.: Interne Kontrollsysteme (IKS): Basiswissen für den Aufsichtsrat, Berlin 2017.
Bungartz, O.: Interne Revision und Abschlussprüfer, in: Freidank, C.-C.; Peemöller, V. H. (Hrsg.): Kompendium der Internen Revision. Internal Auditing in Wissenschaft und Praxis, Berlin 2011, S. 527–556.
Burgard, J.: Verhaltenskodex für unternehmensinterne Untersuchungen, in: Moosmayer, K.; Hartwig, N. (Hrsg.): Interne Untersuchungen. Praxisleitfäden für Unternehmen, München 2012, S. 157–171.
Chartered Institute of Internal Auditors: Culture and the Role of Internal Audit, London 2014.
Cooper, C.: Extraordinary Circumstances. The Journey of a Corporate Whistleblower, New Jersey 2008.
Deutscher Sparkassen- und Giroverband (DSGV): Zukunft der Internen Revision, Berlin 2008.

Deutsches Institut für Interne Revision: DIIR-Revisionsstandard Nr. 3. Prüfung von Internen Revisionssystemen, Frankfurt a. M. 2017.

Deutsches Institut für Interne Revision: DIIR Revisionsstandard Nr. 2. Prüfung des Risikomanagementsystems durch die Interne Revision, Frankfurt a. M. (Stand: September 2015).

Deutsches Institut für Interne Revision: DIIR Revisionsstandard Nr. 5. Standard zur Prüfung des Anti-Fraud-Management-Systems durch die Interne Revision, Frankfurt a. M. (Stand: September 2015).

Deutsches Institut für Interne Revision: Qualifikationsmodell für die Interne Revision, Frankfurt a. M. 2012.

Deutsches Institut für Interne Revision: Leitfaden zur Durchführung eines Quality Assessments (QA), Frankfurt a. M. 2005.

Deutsches Institut für Interne Revision (Hrsg.): Positionspapier – Die Interne Revision im Spannungsfeld zwischen Vorstand und Aufsichtsrat, Frankfurt a. M. 2014.

Deutsches Institut für Normung: DIN SPEC 33456: Leitlinien für Geschäftsprozesse in Aufsichtsgremien, Berlin 2015.

Dieterle, O.: Grundlagen der Internen Revision in der öffentlichen Verwaltung, in: Amling, T.; Bantleon, U.: Interne Revision – Grundlagen, Normen und Tätigkeitsfelder, in: Amling, T.; Bantleon, U. (Hrsg.): Praxis der Internen Revision, Berlin 2012, S. 129–155.

Eichler, H.: Prüfung von Corporate-Governance-Systemen. IDW EPS 983: Grundsätze ordnungsgemäßer Prüfungen von Internen Revisionssystemen (IRS), in: Die Wirtschaftsprüfung Nr. 21/2016, S. 1159–1166.

Eichler, H.: Prüfung der Organisations-/Unternehmenskultur. Möglichkeiten der praktischen Umsetzung durch zielorientierte Prüfungsausrichtung, in: ZIR Nr. 4/2015, S. 152–160.

Eichler, H.: Compliance-Management-Systeme – Praktische Ausgestaltung für die Teilbereiche Antikorruption sowie Wettbewerbs- und Kartellrecht, in: Die Wirtschaftsprüfung Nr. 1/2015 S. 7–15.

Eichler, H.: Prüfung der Compliance-Kultur. Ein Praxis-Leitfaden zur Strukturierung und Durchführung von Prüfungshandlungen, in: ZCG Nr. 3/2012, S. 133–138.

Eichler, H.; Vogel, U.; Krautner, P.: Psychometrische Verfahren zur Prüfung der Compliance-Kultur; in: ZRFC 1/2013, S. 17–23.

Eulerich, M.: Die regulatorischen Grundlagen des Three-Lines-of-Defense-Modells, in: ZIR Nr. 4/2012, S. 192–196.

Financial Stability Board: Guidance on Supervisory Interaction with Financial Institutions on Risk Culture. A Framework for Assessing Risk Culture, London 2014.

Finanzministerium NRW: Public Corporate Governance Kodex NRW, Düsseldorf 2013, https://www.finanzverwaltung.nrw.de/de/public-corporate-governance-kodex-des-landes-nordrhein-westfalen (zuletzt abgerufen am 28.07.2017).

Freidank, C.-C.; Pasternack, N.-A.: Theoretische Fundierung der Internen Revision und ihre Integration in das System der Corporate Governance, in: Freidank, C.-C.; Peemöller, V. H. (Hrsg.): Kompendium der Internen Revision, Berlin 2011, S. 33–68.

Fritz, R.: The Path of Least Resistance for Managers, San Francisco 1999.

Füss, R.: Die Interne Revision – Bestandsaufnahme und Entwicklungsperspektiven, in: Deutsches Institut für Interne Revision (Hrsg.): IIR-Forum Band 5, Berlin 2005.

Goette, W.; Habersack, M. (Hrsg.): Münchener Kommentar zum Aktiengesetz, 4. Aufl., München 2014.

Grundei, J.; Graumann, M.: Was behindert offene Diskussion im Aufsichtsrat?, in: Der Aufsichtsrat Nr. 6/2011, S. 86–88.

Gutenberg, E.: Der Diplom-Kaufmann als Revisor, in: ZIR 1/1966, S. 10–24.

Hans-Böckler-Stiftung: Die Effizienzprüfung des Aufsichtsrats. Ein Leitfaden zur Evaluation, 2. Aufl., Düsseldorf 2011.

Herold, R.: Die Interne Revision als Trusted Advisor und Qualitätsgarant in einem volatilen Geschäftsumfeld, in: Audit Committee Institut e. V. (Hrsg.): Audit Committee Quarterly. Qualität der Internen Revision, Berlin 2016, S. 7–12.

Hofstede, G.; Hofstede, G. J.; Minkov, M.: Cultures and organizations. Software of the mind. Intercultural cooperation and its importance for survival, 3rd ed, New York a. o. 2010, S. 345–348.

Hucke, A; Münzenberg, T.: Recht der Revision. Juristische Grundlagen der Praxis der Internen Revision, Berlin 2015.

Hülsberg, F.; Knake, C.: Prüfung der Wirksamkeit der Internen Revision durch den Aufsichtsrat, in: Der Konzern Nr. 12/2015, S. 545–548.

IIA/DIIR (Hrsg.): Internationale Grundlagen für die berufliche Praxis der Internen Revision, Version 6, Frankfurt a. M. 2017.

Initiative Corporate Governance der deutschen Immobilienwirtschaft e. V.: Pflichtenheft ComplianceManagement in der Immobilienwirtschaft (Stand: Oktober 2014), abrufbar unter http://www.immo-initiative.de/wp-content/uploads/2011/11/Pflichtenheft-finale-ueberarbeitete-Fassung-29-09-2014.pdf (zuletzt abgerufen am 30.07.2017).

Institut der Wirtschaftsprüfer: Prüfungsstandard 981. Grundsätze ordnungsmäßiger Prüfung von Risikomanagementsystemen, Düsseldorf 2017.

Institut der Wirtschaftsprüfer: Prüfungsstandard 982. Grundsätze ordnungsmäßiger Prüfung des internen Kontrollsystems der Unternehmensberichterstattung, Düsseldorf 2017.
Institut der Wirtschaftsprüfer: Prüfungsstandard 983. Grundsätze ordnungsmäßiger Prüfung von Internen Revisionssystemen, Düsseldorf 2017.
Institut der Wirtschaftsprüfer: „Fokus Familienunternehmen", Düsseldorf 2017 (aufrufbar unter: https://www.idw.de/idw/im-fokus/weitere-fokusthemen/familienunternehmen).
Institut der Wirtschaftsprüfer: Prüfungsstandard 980. Grundsätze ordnungsmäßiger Prüfung von Compliance Management Systemen, Düsseldorf 2011.
Institut der Wirtschaftsprüfer: Prüfungsstandard 720. Berichterstattung über die Erweiterung der Prüfung nach § 53 HGrG, Düsseldorf 2010 (Stand:09.09.2010).
Institut der Wirtschaftsprüfer: Prüfungsstandard 321. Interne Revision und Abschlussprüfung, Düsseldorf 2010 (Stand 09.09.2010).
Institute of Internal Auditors: Global Technology Audit Guide (GTAG) 3 Coordinating, Continuous Auditing and Monitoring to Provide Continuous Assurance, 2th eds 2015.
Isaacs, B.: Dialogue and the art of thinking together, New York 1999.
ISO: ISO/DIS 19600: Compliance management systems – Guidelines (International Standard), o. O. 2014.
Kaufmann, M.; Tebben, T.: Die Prüfung kommunaler Unternehmen gemäß § 53 Abs. 1 HGrG, 2. Aufl., Düsseldorf 2012.
KPMG AG: Public Corporate Governance und Compliance, Berlin 2013.
Krizanits, J.: Einführung in die Methoden der systemischen Organisationsberatung, 2. Aufl., Heidelberg 2014.
Langer, A.; Pedell, B.: Messung des Wertbeitrags der Internen Revision und dessen Integration in ein Performance Measurement-Konzept, in: Buderath, H. M.; Herzig, A.; Köhler, A. G.; Pedell, B. (Hrsg.): Wertbeitrag der Internen Revision. Messung, Steuerung und Kommunikation, Stuttgart 2010, S. 45–105.
Luhmann, N.: Organisation und Entscheidung, Opladen 2000.
Luhmann, N.: Soziologische Aspekte des Entscheidungsverhalten, in: DBW Nr. 4/1984, S. 591–603.
March, J.G: Mundane Organizations and heroic Leaders, in: March, J. G.; Well, T. (eds.): On Leadership, Cambridge 2005, S. 113–121.
Marx, F.-J.: Stellung und Aufbau der Internen Revision im Rahmen der Unternehmens- und Konzernorganisation, in: Freidank, C.-C.; Peemöl-

ler, V. H. (Hrsg.): Kompendium der Internen Revision. Internal Auditing in Wissenschaft und Praxis, Berlin 2011, S. 93–117.

Meyer, J.: Forensische Datenanalyse: Dolose Handlungen im Unternehmen erkennen und aufdecken, Berlin 2012.

Militello, K.; Schewe, G.: Compliance-Risiken im Rahmen von M&A, in: M&A Review Nr. 7–8/2017, S. 232–240.

Moosmayer, K.: Compliance. Praxisleitfaden für Unternehmen, 3. Aufl., München 2015.

Moosmayer, K.; Hartwig, N. (Hrsg.): Interne Untersuchungen. Praxisleitfaden für Unternehmen, München 2012.

Münzenberg, T.: 11 Thesen zur zivil- und strafrechtlichen Haftung von Organen und Arbeitnehmern wegen fehlerhafter Aufgabenerledigung im Bereich der Internen Revision, in: ZIR Nr. 6/2008, S. 266–267.

O'Toole, J.: Speaking Truth to Power, in: Bennis, W.; Goleman, D.; O'Toole, J.: Transparency. How Leaders Create a Culture of Candor, San Francisco 2008, S. 45–91.

Pascale, R. T.; Athos, A. G.: The Art of Japanese Management: Applications for American Executives, New York 1981.

Peemöller, V. H.: Entwicklungsformen und Entwicklungsschritte der Internen Revision, in: Freidank, C.-C.; Peemöller, V. H. (Hrsg.): Kompendium der Internen Revision, Berlin 2011, S. 69–91.

Peemöller, V. H.: Code of Ethics der Internen Revision, in: Freidank, C.-C.; Peemöller, V. H. (Hrsg.): Kompendium der Internen Revision. Internal Auditing in Wissenschaft und Praxis, Berlin 2011, S. 119–143.

Peemöller, V. H.: Outsourcing der Internen Revision, in: Freidank, C.-C.; Peemöller, V. H. (Hrsg.): Kompendium der Internen Revision. Internal Auditing in Wissenschaft und Praxis, Berlin 2011, S. 506–524.

Peters, T. J.; Watermann, R. H.: In Search of Excellence. Lessons from America's Best-Run Companies, New York 1982.

Power, M.: The Audit Society. Rituals of Verification, London 1997.

Power, M.; Ashby, S. Palermo, T.: Risk Culture in Financial Organizations. A Research Report, London 2013.

Regierungskommission Corporate Governance: Deutscher Corporate Governance Kodex in der Fassung vom 7. Februar 2017, abrufbar unter http://www.dcgk.de//files/dcgk/usercontent/de/download/kodex/170424_Kodex.pdf (zuletzt abgerufen am 28.07.2017).

Rieckmann, P.; Hornung, H.: Interne Revision öffentlicher Institutionen, in: Freidank, C.-C.; Peemöller, V. H. (Hrsg.): Kompendium der Internen Revision. Internal Auditing in Wissenschaft und Praxis, Berlin 2011, S. 757–788.

Roth, J.: Best Practices: Evaluating the Corporate Culture, Altamonte Springs 2010.

Roth, M: Information und Organisation des Aufsichtsrats, in: ZGR Nr. 2–3/2012; S. 343–381.

Sackmann, S. A.: Culture and Subcultures. An Analysis of Organizational Knowledge, in: Administrative Science Quarterly, Vol. 37, No. 1/1992, S. 140–161.

Scharmer, C. O.: Theory U. Leading from the Future as It Emerges, Cambridge/Mass. 2007.

Schein, E. H.: Humble Inquiry. Vorurteilslos Fragen als Methode effektiver Kommunikation, Bergisch-Gladbach 2016.

Schein, E. H.: Organisationskultur, 3. Aufl., Bergisch-Gladbach 2010.

Schein, E. H.: Prozessberatung für die Organisation der Zukunft, 3. Aufl., Bergisch-Gladbach 2010.

Schipporeit, E.: Anforderungen an die Qualität der Internen Revision aus Sicht des Prüfungsausschusses, in: Audit Committee Institut e. V. (Hrsg.): Audit Committee Quarterly. Qualität der Internen Revision, Berlin 2016, S. 4–6.

Schlippe, A. v.; Schweitzer, J.: Systemische Interventionen, 3. Aufl., Göttingen 2017.

Schulz von Thun, F.: Miteinander reden: 4. Fragen und Antworten, Hamburg 2007.

Schulz von Thun, F.; Ruppel, J.; Stratmann, R.: Miteinander reden: Kommunikationspsychologie für Führungskräfte, 16. Aufl., Hamburg 2016.

Seliger, R.: Positive Leadership. Die Revolution in der Führung, Stuttgart 2014.

Simon, F. B.: Einführung in die (System-)Theorie der Beratung, Heidelberg 2014.

Stadt Leipzig: Leipziger Corporate Governance Kodex, Leipzig 2013, abrufbar unter *https://publicgovernance.de/docs/Leipziger_Corporate_ Governance_Kodex.pdf* (zuletzt abgerufen am 28.07.2017).

Steinbrecher, I.: Risikokultur: Anforderungen an eine verantwortungsvolle Unternehmensführung, 17.08.2015, abrufbar unter *https://www.bafin. de/SharedDocs/Veroeffentlichungen/DE/Fachartikel/2015/fa_bj_1508_ risikokultur.html* (zuletzt abgerufen am 28.07.2017).

Watzka, K.: Groupthink in Aufsichtsräten, in: Der Aufsichtsrat Nr. 7–8/2009, S. 106–107.

Webster, B.: 20 questions directors should ask about internal audit, 3rd edition, Canadian Institute of Chartered Accountants, Toronto 2016.

Weick, K. E.; Sutcliffe, K. M.: Das Unerwartete managen, Stuttgart 2003.

Welge, M. K.; Eulerich, M.: Corporate-Governance-Management. Theorie und Praxis der guten Unternehmensführung, Wiesbaden 2012, S. 210–217.

Wendt, M.: Compliance-Kultur – Grundlagen und Evaluierung, in: Hauschka, C.E; Moosmayer, K., Lösler, T. (Hrsg.): Corporate Compliance. Handbuch der Haftungsvermeidung im Unternehmen, 3. Aufl., München 2016, S. 273–296.

Wendt, M.: Finanzinstitute: Evaluierung der Risikokultur, in: Bank Praktiker Nr. 12–01/2016, S. 465–469.

Wendt, M.: Die Prüfung der Unternehmenskultur als Element der Corporate Governance, in: Förschler, D. (Hrsg.): Innovative Prüfungstechniken und Revisionsvorgehensweisen, Frankfurt a. M. 2007, S. 565–579.

Wendt, M.: Unternehmensethik und Auditing, in: Freidank, C.-C.; Lachnit, L.; Tesch, J. (Hrsg.): Vahlens Großes Auditing Lexikon, München 2007, S. 1414–1416.

Wendt, M.; Withus, K.-H.: Die Prüfung der Compliance-Risikoanalyse durch den Wirtschaftsprüfer, in: Moosmayer, K. (Hrsg.): Compliance-Risikoanalyse. Praxisleitfaden für Unternehmen, München 2015, S. 167–179.

Wilmer, R.: Befragungstechniken, in: Jackmuth, H.-W.; de Lamboy, C.; Zawilla, P. (Hrsg.): Fraud Management: Der Mensch als Schlüsselfaktor gegen Wirtschaftskriminalität, Frankfurt a. M. 2011, S. 785–804.

Wimmer, R.: Die neue Systemtheorie und ihre Implikationen für das Verständnis von Organisation, Führung und Management, in: Rüegg-Stürm, J.; Bieger, T. (Hrsg.): Unternehmerisches Management – Herausforderungen und Perspektiven, Bern 2012, S. 7–65.

Wimmer, R.: Führung und Organisation – zwei Seiten einer Medaille, in: Revue für postheroisches Management, Heft 4 (2009), S. 20–33.

# STICHWORTVERZEICHNIS

## A

Angemessenheitsprüfung 96, 97
Attributstandards 42
Audit Universe 33, 48, 75, 106, 107
Aufsichtspflicht 29
Ausführungsstandards 42
Auslagerung 55

## B

BaFin 29, 51, 55
Beratungstätigkeit 41, 65, 70
Berufsexamen 7
Berufsgrundlagen 21, 23, 37
Betrachtungsfelder 110
betriebswirtschaftliche Standards 25
Bilanzrechtsmodernisierungsgesetz (BilMoG) 23, 72, 133
Bundesverwaltung 27
Business Ethics 41

## C

Certified Internal Auditor (CIA) 21, 22
Code of Ethics 21
Compliance Audit 117, 118, 119, 121
Compliance Due Diligence 127
Compliance-Funktion 36, 114, 116
Compliance-Kultur 74, 120, 126, 145, 148
Compliance-Management 31, 33, 36, 113, 127, 141
Compliance-Management-System (CMS) 36, 41, 116, 118, 119, 120, 126, 137
Continuous Auditing 132
Continuous Controls Monitoring 132
Corporate Governance 17, 18, 31, 33
Co-Sourcing 54, 56, 59, 84
Culture Audit 121, 126, 128

## D

Definition der Internen Revision 19, 38, 41
Deutscher Corporate Governance Kodex (DCGK) 6, 117, 133, 134, 139
diagnostische Frage 68
DIIR 7, 21, 29, 135
DIIR Revisionsstandard Nr. 1 43
DIIR Revisionsstandard Nr. 2 35

DIIR Revisionsstandard Nr. 3   7, 23, 44, 47, 89, 95, 98, 100, 122, 131, 146, 147
DIIR Revisionsstandard Nr. 4   43
DIIR Revisionsstandard Nr. 5   43
Dilemmata   82
Dokumentation   44, 49, 107, 136

## E

Effizienzprüfung   138, 139, 140
Ergänzende Leitlinien   39, 42
Ethikkodex   38, 39, 40, 105, 122, 137
European Confederation of Institutes of Internal Auditing (ECIIA)   24, 31

## F

Fachkompetenz   18, 40
Follow-Up-Prozess   28, 44, 49, 50, 57, 108, 137
forensische Datenanalyse   116
Fragetechniken   42
Führungsaufgaben   71, 72

## G

Garantenstellung   28
Geschäftsordnung Interne Revision   28, 44, 45, 47, 62, 100, 102, 106, 122, 138
Governance-Dialog   144
Grundprinzipien   21, 38, 39, 105, 122

## H

Haftungsrisiken   27, 28, 135

## I

IDW   7
IDW Prüfungsstandard 321   98
IDW Prüfungsstandard 720   25
IDW Prüfungsstandard 980   36, 119
IDW Prüfungsstandard 981   35
IDW Prüfungsstandard 982   35
IDW Prüfungsstandard 983   7, 23, 44, 47, 89, 95, 98, 100, 102, 122, 131, 146, 147
IIA-Standard   38, 42, 101
Implementierungsleitlinien   39, 42
Informationsasymmetrien   61, 65
Informationsordnung des Aufsichtsrats   62, 99, 138
Informationsrecht   46, 47, 62, 106
Insourcing   54, 59
Institute of Internal Auditors (IIA)   19, 20, 22, 24, 95
integriertes Governance-System   33
Interessenkonflikt   47, 82, 100, 117, 147
International Professional Practices Framework (IPPF)   19, 21, 28, 29, 37, 38, 39, 41, 42, 45, 51, 55, 95, 96, 100, 103, 105, 122
Internes Kontrollsystem (IKS)   33, 34, 35, 65, 66, 117, 127, 137, 141
Internes Revisionssystem (IRS)   25, 80, 95, 98, 103, 122, 126, 127, 141
investigative Interviews   116
investigative Sonderuntersuchung   113, 115, 116, 137
IRS-Beschreibung   96, 102
IT-Sicherheit   130, 131
IT-Sicherheits-Audit   130, 131

## J

Jahresabschlussprüfer 36, 55
Jahresbericht 50, 136

## K

Kennzahlen 85
konfrontative Frage 69
KonTraG 22

## L

Leitbild 78
Leitungsorgan 17, 134

## M

Management-Audit 54, 129
MaRisk 22, 51, 55
Mindeststandard 44
Mindeststandard 1 106
Mindeststandard 2 45, 46, 105
Mindeststandard 3 47
Mindeststandard 4 48
Mindeststandard 5 49, 107
Mission der Internen Revision 21, 37, 38
Mission des IIA 21

## N

Neutralität 44, 46, 57, 105, 116

## O

Objektivität 34, 36, 40, 46, 47, 56, 57, 101, 105, 116, 137
Organisation des IRS 105
Organisationskultur 54, 56, 67, 77, 122, 124, 125, 126, 128, 129, 130, 141
Organisationspflichtverletzung 27
Organisationsverschulden 27
Outsourcing 54, 55, 58

## P

Personalausstattung 44, 47, 53, 89, 106, 137
prozessorientierte Frage 69, 70
Prüfer für Interne Revisionssysteme$^{DIIR}$ 91, 95, 99, 100, 101
Prüfungsausschuss 23, 133, 134
prüfungsnahe Beratung 42
Public Corporate Governance Kodex 25, 134, 146

## Q

Qualitätskriterien 44, 100, 109
Qualitätsmanagement 80, 86, 109, 136, 137
Quality Assessment 23
Quartalsbericht 50, 72

## R

Rechtschaffenheit 40
Revisionsdurchführung 107
Revisionshandbuch 45, 106
revisionsinterne Organisationskultur 75, 77, 78, 79, 80, 81, 83, 85, 86, 87, 148
Revisionskommunikation 108
Revisionskultur 50, 64, 75, 77, 87, 88, 104, 126, 141, 142, 147, 148
Revisionsordnung 45
Revisionsplanung und -programm 107
Revisionsrichtlinie 44, 45
Revisionsüberwachung und -verbesserung 108
Risikokultur 54, 76, 126, 145, 148

Risikomanagement 31, 33, 35, 36, 117, 127, 132, 141
Risikomanagementsystem 25, 35, 36, 126, 137
risikoorientierte Prüfungsplanung 44, 48, 53, 75

**S**

Schlüsselkontrollen 34
Selbstbeurteilung 101
Selbstführung 88
Sicherheitskultur 141, 145
Sourcing 53, 57
Stakeholder 77, 78
Stakeholder-Dialog 78, 79
systemische Frage 68, 70
systemische Organisationsberatung 42
systemisches Führungsverständnis 72, 73, 75

**T**

Three-Lines-of-Defense-Modell 31, 32, 105, 116
Trusted Advisor 48

**U**

Überwachung der Wirksamkeit 72, 98, 133, 146, 147
Überwachungssystem 6, 24
Unabhängigkeit 34, 36, 41, 44, 46, 56, 57, 90, 101, 105, 106, 146
Unternehmenskultur 8, 33, 67, 91, 105, 118, 120, 122, 123, 124, 125, 126, 127, 128, 129, 130, 141, 142, 144, 145, 147, 148
Unternehmensleitung 17, 133, 134

**V**

Verteidigungslinie 31, 32, 33, 34
Vertraulichkeit 40

**W**

wertschätzende Frage 67, 68
Wirksamkeit 6, 50, 72
Wirksamkeitsprüfung 96, 97, 98, 100, 119, 140, 147

**Z**

Zeitschrift Interne Revision (ZIR) 21
Ziele des IRS 106

# DIE AUTOREN

# MATHIAS WENDT

Mathias Wendt ist selbständiger Organisationsberater und systemischer Coach mit dem Fokus auf Corporate Governance/Compliance/Culture mit Sitz in Köln.

Nach einer Banklehre hat er Betriebswirtschaftslehre und Rechtswissenschaft in Münster und Berlin studiert und war danach in der Internen Revision im Bankenbereich tätig. So verfügt er über fundierte Erfahrungen als Revisor, Prüfungsleiter, Abteilungsleiter und Leiter Interne Revision und ist beim DIIR als Prüfer für Interne Revisionssysteme[DIIR] akkreditiert.

Aus seiner langjährigen Tätigkeit als Unternehmensberater für die KPMG AG Wirtschaftsprüfungsgesellschaft kann er aus einer umfassenden Sachkenntnis in der Durchführung von investigativen Sonderuntersuchungen und Compliance Audits schöpfen. Sein aktueller Beratungsschwerpunkt liegt in der Begleitung von Organisationen bei der kulturorientierten Implementierung und Weiterentwicklung ihrer Governance Organisation.

Mathias Wendt ist Lehrbeauftragter und Autor von zahlreichen Fachbeiträgen. Sein besonderes Interesse gilt dem Zusammenhang zwischen der Wirksamkeit von Corporate Governance und der Unternehmenskultur.

# HUBERTUS EICHLER

Hubertus Eichler, Wirtschaftsprüfer, Steuerberater und Certified Internal Auditor (CIA), ist Direktor bei der MAZARS GmbH & Co. KG, Wirtschaftsprüfungsgesellschaft. Seine Tätigkeitsschwerpunkte liegen dort u. a. in den Bereichen Corporate Governance und Interne Revision. Als Mitglied des Arbeitskreises „Prüfungsfragen und betriebswirtschaftliche Fragen zu Governance, Risk und Compliance (GRC)" sowie als Vorsitzer der Arbeitsgruppe „Prüfung des Internen Revisionssystems" beim Institut der Wirtschaftsprüfer in Deutschland (IDW) hat er die aktuellen Prüfungsstandards IDW PS 983 sowie DIIR 3 zur Prüfung von Internen Revisionssystemen maßgeblich mitgestaltet.

Er hat Betriebswirtschaftslehre und Steuerwesen studiert und verfügt über mehr als 25 Jahre Berufserfahrung in der Abschlussprüfung, der Durchführung von Sonderprüfungen sowie der Internen Revision. Er ist beim DIIR als Prüfer für Interne Revisionssysteme[DIIR] akkreditiert. Des Weiteren verfügt er über umfassende Erfahrungen in den Bereichen Corporate Culture Audit sowie Governance & Compliance Services. Für die von ihm entwickelte Methodik zur Prüfung der Unternehmenskultur ist er mehrfach mit Audit Innovation Awards ausgezeichnet worden. Als zertifizierter Personal-Diagnostiker hat er zudem eine Vielzahl von Management-Audits durchgeführt.

Hubertus Eichler ist Autor von zahlreichen Fachbeiträgen zu Themen der Corporate Governance und hält hierzu regelmäßig Vorträge und Seminare.

# Interne Kontrolle wirksamer und sicherer

Jetzt in Neuauflage!

Mit den neuen IDW PS 981, PS 982, PS 983

Wie Sie ein **IKS zielgerichtet entwickeln** und einsetzen, zeigt Ihnen Oliver Bungartz in der umfassend aktualisierten 5. Auflage dieses Standardwerks:

- Nationale und internationale Vorgaben
- COSO-Rahmenwerk
- COBIT-Rahmenwerk
- Compliance Management Systeme (CMS) sowie Tax Compliance Management Systeme (Tax CMS)

Ein **Leitfaden und Nachschlagewerk** mit

- umfangreichen Fragebögen und Kontrollmatrizen,
- mehr als 700 Beispielen zu Risiko-Kontroll-Kombinationen,
- über 200 Fraud-Indikatoren und
- 170 Kennzahlen zur Risikoidentifikation und Steuerung wichtiger Prozesse.

## Handbuch Interne Kontrollsysteme (IKS)
### Steuerung und Überwachung von Unternehmen

Von **Dr. Oliver Bungartz**

5., neu bearbeitete und erweiterte Auflage 2017, 599 Seiten, mit zahlreichen Abbildungen, Tabellen und Risikomatrizen, fester Einband, € (D) 89,95, ISBN 978-3-503-17144-6

**Weitere Informationen:**
 www.ESV.info/17144

**ES** ERICH SCHMIDT VERLAG

*Auf Wissen vertrauen*

Erich Schmidt Verlag GmbH & Co. KG · Genthiner Str. 30 G · 10785 Berlin
Tel. (030) 25 00 85-265 · Fax (030) 25 00 85-275 · ESV@ESVmedien.de · www.ESV.info

EDITION GOVERNANCE

## Compliance für Aufsichtsräte
### Grundlagen – Verantwortlichkeiten – Haftung

Von **Prof. Dr. Stefan Behringer**

2016, 159 Seiten, fester Einband,
€ (D) 29,95, ISBN 978-3-503-17058-6

Edition Governance

Weitere Informationen:
www.ESV.info/17058

## Früherkennung unlauterer Geschäftspraktiken
### Leitfaden für Aufsichtsgremien

Von **Dr. Hans J. Marschdorf**

2016, 157 Seiten, fester Einband,
€ (D) 29,95, ISBN 978-3-503-17098-2

Edition Governance

Weitere Informationen:
www.ESV.info/17098

**ESV ERICH SCHMIDT VERLAG**

*Auf Wissen vertrauen*

Erich Schmidt Verlag GmbH & Co. KG · Genthiner Str. 30 G · 10785 Berlin
Tel. (030) 25 00 85-265 · Fax (030) 25 00 85-275 · ESV@ESVmedien.de · www.ESV.info

## EDITION GOVERNANCE

### Tugenden eines ehrbaren Aufsichtsrats
**Leitlinien für nachhaltiges Erfolgsmanagement**

Von **Rudolf X. Ruter**

2015, 154 Seiten, fester Einband,
€ (D) 29,95, ISBN 978-3-503-16562-9

Edition Governance

Weitere Informationen:
📖 www.ESV.info/16562

### Wie Sie Beirat oder Aufsichtsrat werden
**Voraussetzungen – persönlicher Projektplan – Networking**

Von **Rudolf X. Ruter**

2016, 166 Seiten, fester Einband,
€ (D) 29,95, ISBN 978-3-503-17108-8

Edition Governance

Weitere Informationen:
📖 www.ESV.info/17108

# ESV ERICH SCHMIDT VERLAG

*Auf Wissen vertrauen*

Erich Schmidt Verlag GmbH & Co. KG · Genthiner Str. 30 G · 10785 Berlin
Tel. (030) 25 00 85-265 · Fax (030) 25 00 85-275 · ESV@ESVmedien.de · www.ESV.info